아들때문에
미쳐버릴 것 같은
엄마들에게

아들 때문에 미쳐버릴 것 같은 엄마들에게

최민준 지음

들어가며
아들맘에게 위로와 지혜가 되기를 바라며

남자아이만을 위한 미술교육을 해보겠노라 선언한 지 7년이 지났습니다. 그간 많은 일들이 있었네요. 남자아이에게만 미술을 가르치는 독특한 영역에서 일을 하다 보니 강의에도 서게 되고, 작년에는 오프라인 강의로만 2만 명에 가까운 아들맘을 만났습니다.

자라다남아미술연구소를 운영하면서 우리가 하고자 했던 것은 아이를 변화시키는 일이 아니었습니다. 아들의 본성을 발견하고 그에 맞는 교육 방법을 찾는 것이었지요. 1,000명이 넘는 남자아이를 만나 성향을 파악하고 분석하고, 교육 차시에 따른 관찰을 하면서 해내고 싶었던 것이 있습니다. 대학 강단에서 알려주는 기존의 교육 방법이 아닌, 현장감이 살아 있는 방법으로 남자아이를 몰입의 세계로 안내할 효과적인 방법을 찾고 정리하고 정의해보고 싶었습니다. 이 책은 그런 목적에서 집필이 시작되었습니다.

하지만 남자아이를 이끌어주는 방법을 정의하려고 할수록 완벽한 답을 찾으려는 욕심 자체가 부질없다는 생각이 들었습니다. 1,000명의 아이가 있으면 1,000가지의 성향이 있다는 사실을 알게 됐기 때문입니다. 명확한 답을 찾으려고 할수록 아이들을 억지로 제단하는 느낌이 들었고, 하루에도 몇 번씩 우리는 좌절했습니다. 아마 수많은 아들맘이 느끼는 아들 육아의 불안함과 어려움도 바로 이 예측할 수 없음에 있을 것이라는 생각이 조심스럽게 듭니다.

7년이라는 시간에 걸쳐, 저와 자라다남아미술연구소가 함께 찾은 답은 '아이를 바라보는 교육자의 자세' 그 안에 들어 있었습니다.

똑같은 아이를 대하면서 어떤 교육자는 좌절하고 어떤 교육자는 희망의 끈을 발견해냅니다. 만일 이 책을 읽는 누군가가 한 아이를 변화시키겠다는 생각을 하고 있다면, 어제 다른 아이에게는 성공했던 방식이 오늘 다른 아이에게서는 실패하는 문제에 봉착하게 될 겁니다. 아이들이란 존재는 예민해서 아침에 있었던 사건과 미묘한 흐름만으로 많은 것이 변하기 때문입니다.

어제 성공이라고 기록했던 방식을 오늘은 실패라고 적어야 하는, 이해하기 어려운 상황들이 무수히 반복될지도 모릅니다. 아마도 아이들은 자연 그 자체에 가까운 생명이기 때문일 겁니다. 꽃의 종류를 따지지 않고 모두를 장미꽃으로 피워내겠다는 어른의 욕심은 언제든 아이를 좌절시키고 박탈감을 줄 수 있습니다.

아직도 종종 '내 교육 방식은 옳은데 이 아이가 잘못됐어!'라고 외치는 몇몇 어른을 봅니다. 그럴 때면 안타까움을 금할 수 없습니다. 단번에 이해하기 어려운 아이들의 영역을 모조리 엄마 탓으로 몰아가는 태도도 잘못되었다고 생각합니다. 교육 이론은 생명을 효과적으로 설명하기 위해 존재할 뿐입니다. 다수의 성향과 다르다고 해서 무조건 비정상이라고 불러서는 안 되겠지요. 이러한 맥락에서, 조금 특별한 아이들에게 붙이는 각종 장애 명칭에 대해서도 다시 생각해봅니다. 어른의 잣대로 이해하지 못한다고 해서 아이들의 문제로 몰아세우는 것은 아닌가, 하는 생각이 드는 것이지요.

할미꽃은 할미꽃으로 키워야 합니다. 호박꽃은 호박꽃으로 키워야 하고요. 이 책에서 제가 '어떤 아이든지 나를 만나면 훌륭하게 변할 수 있어!'라고 이야기하길 바랐다면 조용히 책을 덮을 것을 권합니다. 세상에 그런 방법은 존재하지 않고, 교육자의 그런 호언장담은 존재해서는 안 된다고 생각하기 때문입니다. 이는 저와 자라다남아미술연구소가 지향하는 남자아이 교육의 방향입니다.

아이러니하게도 아이들에게 변화를 원하지 않았을 때, 아이를 온전히 관찰하기 시작하면서부터, 아이들은 어른들과 소통하며 본모습을 보여주기 시작했습니다. 아이가 원래 가지고 태어난, 주어진 모양대로 온전히 피어나게 돕겠다는 생각을 하고서야 자라다남아미술연구소의 선생님들은 좌절하지도 방황하지도 않을 수 있었습니다.

이 책은 그 무수한 경험에 대한 기록입니다. 아직도 수많은 아들맘이 아들연구소의 SNS 계정을 통해 '이럴 땐 어떻게 해야 하나요?'라고 질문합니다. 그럴 때마다 시원하게 답을 내려주고 싶은 욕심이 들 때도 있습니다. 하지만 명쾌한 말보다는 우리가 문제를 풀어가는 방식을 이 책에서 공유하려고 합니다. 수많은 남자아이와 아들맘, 그리고 자라다 선생님들이 시간을 공유하며 함께 얻은 생생한 깨달음이지요.

남자아이를 이끌어야 하는 어른의 마음에 공감하고, 남자아이의 성향을 이해할 지식을 갖추고, 아이가 아직 말하지 못한 이야기를 읽어낼 수 있는 혜안을 기르고, 어른과 아이가 함께 성장할 수 있도록 돕는 실용적인 노하우를 담았습니다. 특히 이 책의 독자가 아들맘이라면, 책에 실린 사연들을 읽다가 지금 하고 있는 고민의 무게를 덜어내게 되기를 바랍니다.

책이 만들어지는 동안 함께 진심으로 고민하고 노력해준 편집자와 살림출판사에 감사를 전합니다. 늘 자라다를 믿고 사랑해주며 흔쾌히 이 책에 사례를 수록하고 사진 사용에 동의해준 아들맘들께 감사합니다. 연구에 함께 힘써준 각 지점 남아미술교육전문가들과 우리의 외침을 세상에 잘 전달되게 돕는 아들연구소 팀원 모두에게 감사합니다. "남자아이들은 다르게 가르쳐야 한다"는 우리의 작은 외침이 대한민국의 상식이 될 때까지, 전심을 다해보겠습니다.

2016년 여름,
자라다남아미술연구소에서
최민준

차례

들어가며
아들맘에게 위로와 지혜가 되기를 바라며 _7

제1장
아들 가진 엄마 셋만 모여도 하는 말

아들 때문에 수명이 줄어드는 것 같아요 _19
딸 엄마들 사이에서 눈치 보여요 _24
아이에게 꼭 맞는 환경을 만들어주고 싶어요 _29
아빠와 아들의 유대는 어떻게 형성되나요 _34
아이의 머릿속이 궁금해요 _39
아들이 좋은 남자로 성장하면 좋겠어요 _44

제2장
우리 아들은 대체 왜 이럴까요?

하면 안 된다고 따끔하게 말하고 싶어요 _53
아이에게 무시받는 기분이 들어요 _60
아이가 손에서 스마트폰을 내려놓지 않아요 _64
아들이 엄마 말에 귀 기울이지 않는 것 같아요 _71

잘못한 건 아들인데 혼을 내면 너무 서럽게 울어요 _77
언어 감각을 키워주고 싶어요 _81
우리 아이가 무채색으로만 그림을 그려요 _87
아이가 너무 내향적이라서 속상해요 _92
폭력적인 성향이 있어서 걱정돼요 _95
아이가 공격적인 놀이만 재미있어해요 _99
지나치게 1등에 집착해요 _103
처음 해보는 놀이와 공부를 싫어해요 _107
아들이 대화를 피해요 _112
아들이 자꾸 사랑하느냐고 물어봐요 _117
아이가 맞고 오기만 해서 속상해요 _121

제3장
어떻게 해야 아들과 소통할 수 있을까요?

어떻게 해야 아들을 이해할 수 있을까요? _129
표현하는 방법을 가르치고 싶어요 _133
육아 트렌드와 우리 아이가 맞지 않아요 _139
완벽한 육아 레시피가 필요해요 _145
칭찬으로 동기 부여를 하고 있어요 _149

한 가지에 집착해서 헤어나오질 못해요 _152
아들의 승부욕을 자극하는 건 무엇일까요? _160
칭찬하는 데도 요령이 필요한가요 _165
아들이 영어를 잘했으면 좋겠어요 _170
아들에게 할 수 있다는 자신감을 주고 싶어요 _178
독서 습관을 들이려면 어떻게 해야 할까요 _182
친구들과 욕을 하면서 노는 아이, 정상일까요 _187
욕에 재미를 붙인 아들을 개선시키고 싶어요 _191
아이가 약속을 안 지키고 떼를 부려요 _195
아이가 가끔씩 황소고집을 부려요 _198

제4장
초보 아들맘, 오늘도 아들과 함께 성장합니다

나의 육아법에 확신을 갖고 싶어요 _207
남편이 아들 육아를 남의 일 보듯 해요 _213
아이가 실패했을 때 어떻게 대처하면 좋을까요 _217
아이의 인생 설계가 제 몫인 것만 같아요 _220
아들의 꿈을 찾아주고 싶어요 _224
아이에게 기대를 거는 건 나쁜 습관인가요 _230

우리 아들이 틱 장애를 겪고 있어요 _234
ADHD 판정을 받았어요, 어떻게 하죠? _239
옆집 엄마의 정보력에 주눅들고 불안해요 _243
베테랑 교사를 만나면 자책하게 돼요 _247
내가 아이를 잘못 키우고 있을까봐 두려워요 _251
아무리 노력해도 아이가 변하지 않아요 _254
육아 정보가 너무 많아요 _257

책을 마치며
이 책을 읽는 모든 아들맘들께 _263

제1장

아들 가진 엄마 셋만 모여도 하는 말

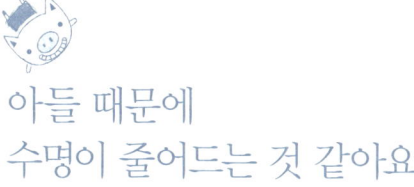

아들 때문에
수명이 줄어드는 것 같아요

아들을 이해하는 과정은 남자친구가 남편이 된 과정과는 전혀 다르다. 남녀가 만나 가정을 이룬 데는 모두의 피나는 노력이 있었다. 하지만 아들과 엄마의 문제는 오로지 엄마의 몫인 것 같아 불안하다.

"아들 때문에 딱 미쳐버릴 것 같다니까요!"

"선생님, 우리 아들 때문에 제 수명이 깎이는 것 같아요."

수많은 아들맘에게 듣는 보편적인 하소연이다. 그러다 문득 궁금해졌다. 아들은 정말로 엄마의 수명에 영향을 미칠까?

내가 찾은 대답은 '그렇다'다. 핀란드 투르쿠대학교의 연구진이 17~20세기의 여성 1만 1,166명, 남성 6,360명을 대상으로 한 인구통계학 자료를 분석해보니, 남자아이를 낳은 여성이 딸을 낳은 여성보다 수명이 더 짧은 것으로 나타났다. 이는 아들을 낳을수록 수명이 짧아지는 것과도 연관이 있었다.

놀라운 일이다. 수많은 아들맘이 지금껏 "아들 때문에 제 명에 못 살겠어요"라고 볼멘소리를 했던 것이 단순한 감정이 아니었던 것이다. 그건 정말로 수명이 줄고 있을 때 드는 느낌이었다. 반면 여자아이는 몇 명을 낳아도 엄마의 수명에 아무런 영향을 끼치지 않았다. "집안에 딸 하나쯤 있어야 한다"는 말이 괜히 나온 게 아니라는 사실이 증명된 셈이다.

남자아이에게만 미술을 가르치는 일을 하니 하루에도 몇 번씩 아들맘을 상담하게 된다. 자식 키우는 일이 딸이고 아들이고 똑같이 힘든 일 아니겠느냐마는, 아들 키우는 엄마들이 외치는 하소연은 울화의 크기가 조금 다르다. 아들 엄마의 마음을 모르는 사람이 "아들이고 딸이고 자식은 다 힘들지. 뭐 그리 유별스럽게 구나"라고 무심히 말할 수도 있지만, 이것만은 확실하다. 딸은 절대로 엄마에게 줄 수 없는, 다시 말해 아들만이 엄마에게 주는 고통이 있다. 그래서 아들을 키워본 엄마끼리는 눈빛만으로도 통하는 게 있다.

연구 결과에는 흥미로운 사실이 하나 더 있다. 아빠는 아들과 관련된 모든 일에 아무런 영향을 받지 않는다는 것. 아마도 아들과 천성이 비슷해서 아들이 벌이는 획기적인 사고에 스트레스를 덜 받고 사는 것 같다.

그러나 엄마는 아들의 무언가에 확실히 스트레스를 받는다. 만병의 근원이자 수명 단축의 원인인 스트레스. '어떤 행동을 도저히 이해할 수 없을 때 생기는 답답함과 암담함'이 스트레스의 특성이라는 것을 고려해볼 때, 엄마는 아들을 이해할 수 없어서 스트레스를 받는다. 이해할 수도 없고 마음대로 되지도 않기 때문에. 그래서 엄마의 수명이 줄고 있다는 연구 결과는 앞뒤가 맞다.

도대체 아들은 왜 자꾸 쓸데없는 행동을 할까? 아들이 어떤 마음으로 이런 행동을 하는지 가늠할 수 없을 때 엄마는 길을 잃는다.

가령, 아이가 화단에 개미굴을 파고 있을 때 '이걸 혼내야 할까? 혼내지 말아야 할까?' 고민하게 되고, '혼낸다면 어떤 명분으로 혼내야 할까?' 또 한 번 고민한다. 한 번이라도 엄마가 화단에 개미굴을 파본 경험이 있다면 사정이 다를 수 있겠지만, 개미굴을 파본 적 없는 여자아이였던 엄마로서는 도저히 아들을 이해하기 어렵다.

개미굴 이야기는 예시일 뿐이다. 아들을 키우다보면 '경고: 뭔가가 잘못됐음!'이라는 메시지가 늘 머릿속을 메운다. 하지만 잘못된 것이 무엇인지 명쾌하게 말하기는 힘든 상황이 매일 매순간 일어난다.

그러다보면 자는 아이 얼굴을 바라보며 회개의 시간을 갖다가 이런 생각에 이르게 된다.

'아이 행동에 문제가 있는 게 아니라 내가 아이를 이해하지 못하는 게 아닐까? 이대로 두다가는 엄마인 내가 아이를 망치는 것은 아닐까? 내가 부족하기 때문에 아이를 잘못 끌어주고 있는 것은 아닐까?'

걱정은 쌓여만 간다. 아이에게서 특별한 원인을 발견하지 못하는 엄마로서는 그 탓을 자신에게 돌린다. 특히 새내기 아들맘일수록 자책하고 욱하고 가슴 아파하기를 반복하는 것이 보통이다. 그편이 좀 더 상식적으로 논리적으로 상황을 받아들이는 데 편하기 때문이다.

아들을 이해하는 과정은 남자친구를 남편이 되는 자리로 끌어올리는 과정과는 정말 다르다. 남녀가 만나 서로 다른 부분에 있어 충돌하고 대화하고 이해하고 노력하는 모든 과정은 양쪽 모두의 노력이 있기에 가능했다. 하지만 아들과 엄마의 거리는 오로지 엄마 혼자 해결해야 하는 몫인 것만 같아 더 힘들게 느껴진다.

여자아이와 너무 다른 존재를 맞이한 새내기 아들맘은 아들의 모든 것이 궁금할 것이다. 아들 육아에 해법이 있으면 좋겠다고 바랄 것이다.

이제 아들을 이해하지 못하는 데서 생기는 스트레스를 줄이고, 엄마의 수명도 지키기 위한 아들 이해하는 여정을 시작해 보자.

아들상자

새내기 아들맘은 아들을 이해할 수 없어서 스트레스를 받는다. 하지만 그 모든 문제는 엄마로서 부족하기 때문에 생겨나는 것이 아님을 염두에 두자. 평생 딸로 태어나 자란 한 여자가 처음 겪는 아들이라는 존재. 아들 육아에 시행착오가 따르는 것은 당연하다. 급하게 이해하려 하지 말고 하나씩 수용해나가자.

딸 엄마들 사이에서 눈치 보여요

딸을 키우는 부모와 교사 모두가 알아야 할 것이 있다. 남자아이는 상대적으로 말을 빨리 알아듣고 똑똑하게 대처할 줄 아는 여자아이와 다르다.

"여자아이 많은 그룹에 우리 아들 보내기 겁나요. 걱정되고, 속상해요!"

아들맘들과 조찬 모임을 가진 적이 있다. 아들 엄마로 살면서 겪는 에피소드가 쏟아졌다. 민재 어머님이 이런 하소연을 했다. 민재가 숲 체험을 하러 갔을 때의 얘기였다.

여자아이 셋에 남자아이 하나가 한 그룹이 되어서 인솔을 받았다. 끼리끼리 통하는 게 많은 여자아이들 사이에서 홀로 성별이 다른 민재가 외로웠는지 나뭇가지를 주워다가 다른 그룹의 남자아이와 칼싸움을 시작했다.

"선생님 민재 보래요!"

"선생님 쟤네 칼싸움하고 저희 괴롭혀요!"

민재는 처음엔 다른 그룹의 친구와 칼싸움을 하다가 재미가 시들해져서는 들고 있던 나뭇가지로 같은 그룹의 여자아이도 슬쩍 찔러보고 풀숲에 휘둘러도 보았던 모양이다. 민재가 손에서 나뭇가지를 내려놓을 때까지 여자아이들은 인솔 교사에게 민재의 행태를 보고했고, 민재는 결국 무안함을 견디지 못해 그룹에서 스스로 이탈해버렸다.

나는 조찬 모임에서 여자아이 위주로 구성된 그룹이 남자아이를 얼마나 바보처럼 보이게 만드는지 실컷 토로하는 아들맘들을 보며 안타까웠다. 여자아이의 수가 많으면 남자아이는 기세가 조금 꺾인다. 이것은 반대의 경우도 마찬가지인데, 남자아이들이 좀 더 예민하고 즉각적으로 반응한다.

남자아이가 여자아이들로부터 기선 제압을 당하고 나면, 엄마들끼리도 소외감이 있다. 자신의 아들이 일상생활에 문제없는데 단지 남자아이 특유의 성향 때문에 눈치를 봐야 할 때 아들맘은 죄인이 된 것 같고 작아진다. 딸 가진 엄마들의 불만을 이해하지 못하는 것은 아니다. 하지만 이런 학습 구조는 변해야 한다고 격정적으로 입을 모았다.

딸 키우는 엄마도 알아야 하는 남자아이의 특징이 있다고 누군가 이야기했고 다른 아들맘들은 그 말에 고개를 끄덕였다. 특히 공교육에 몸담은 선생님이 남자아이를 유별나고 극성맞은 존재, 압박해야 하는 존재로 인식할 것이 아니라, 좀 더 유연하게 알아야 할 대상으로 받아들여야 한다는 의견도 나왔다. 아들을 이해해야 하는 사람이 단지 아들맘 한 명은 아니라는 생각이 들었다.

"엄마, 민준이 보래요."

"선생님! 승호가 자꾸 때려요."

아들 키우는 엄마들은 이런 말에 가슴이 철렁할 것이다. 심지어 종종 듣는데도 들을 때마다 놀란다. 보통의 상황이다.

그룹에서 이탈하게 된 에피소드가 한 가족에게만 일어나는 특별한 경험이라고 치부하기에는, 그 자리에 앉은 아들맘 모두가 공감하는 부분이 있었다. 바로 아들이 공교육 기관에서 생활할 때 묘한 박탈감과 좌절감을 겪는다는 것. 눈치가 빠르고 감정과 사실을 조리 있게 잘 전달하는 여자아이들 사이에서 아들은 약자에 가깝다. 누구도 이런 사실을 입 밖으로 꺼내지 못하지만 명확히 느끼고 있었다.

유치원에 다닐 때, 그룹 수업을 할 때 소란을 만들고 학습에 방해가 되는 아이의 성별은 남자라는 고정관념이 있다. 누구도 통계를 들이밀며 남자아이에게 잠재적 문제가 있다고 말하지는 않는다. 하지만 아들맘들은 눈으로 보고 귀로 듣고 경험을 통해 눈칫밥을 먹는다.

유치원 선생님도, 초등학교 선생님도, 학원 선생님도 정확하게 짚어서 말하지는 못하지만, 유아기부터 청소년기까지 남자라는 존재는 수업을 망치거나 누군가를 공격할 수 있는 일종의 잠재적 범죄자라고 인식한다. 왜 그럴까? "유치원에서 아드님이 자꾸 다른 아이들을 방해해요. 집중을 못 하게 해요"라는 말을 들을 때마다 엄마들은 고개를 들 수가 없다. 누가 아들 키우는 엄마들을 죄인으로 만들었을까? 정말로 남자아이들이 잘못을 저지르고 있을까?

나는 이 질문에, 아들에 대해 잘 알지 못하면서 '남자아이는 극성맞다'는 편견을 가진 사회가 문제라는 생각을 해본다.

딸을 키우는 부모님, 유치원 선생님, 공교육 기관의 교사 모두가 알아야 할 것이 있다. 남자아이는 상대적으로 말을 빨리 알아듣고 똑똑하게 대처할 줄 아는 여자아이와 발달 속도가 다르다. 그래서 이 전혀 다른 생물학적 존재가 한 공간에서 어떻게 평등하게 교육받고 자랄 수 있을지를 어른들이 고민할 때 아들맘이 사회적으로 눈치를 보는 일도 줄어들 것이라고 생각한다.

누군가의 딸로 태어나 성장한 여성은 언젠가 남자아이로 태어나 자란 남성과 사랑을 하게 될 것이다. 그렇게 한 가정을 이룬 누군가의 딸은 아들맘이 될 수도 있을 것이다. 아들이라는 존재에 대한 이해는 사랑하는 사람을, 아버지를, 그리고 가족 전체를 이해하는 데에도 도움이 될 것이다. 그래서 아들이 어떻게 생각하고 어떻게 움직이는지를 이해한다면 좀 더 넓은 범위의 소통이 가능해질 거라고 믿는다.

아들상자

눈치가 빠르고 감정과 사실을 조리 있게 잘 전달하는 여자아이들 사이에서 아들은 언제든 약자가 될 수 있다. 딸 키우는 엄마들도 알아야 하는 남자아이의 특징이 있음을 알려주는 사회 분위기가 중요하다.

아이에게 꼭 맞는 환경을
만들어주고 싶어요

자기주도 성향의 강도, 인정받고 싶은 욕구의 크기, 공감 능력 등을 살피며 아이의 성향을 좋다 혹은 나쁘다고 말하는 것은 잘못된 판단이다.

오랜 기간 아들을 둔 부모님만 상담하다 보니 아들맘이 가진 특징을 알게 됐다. 센터에서 상담을 처음 하는 아들맘 대부분은 경계하는 눈빛 반 긴장한 눈빛 반을 하고 자리에 앉는다. 엄마인 자신은 미처 알지 못했지만 선생님은 발견해낸, 아들의 새로운 모습에 대해 전해 들을까봐 긴장한다. 그때 아이가 오늘 교실에서 어떤 모습을 보였는지를 별일 없었다는 듯 편안하게 전달하면 이내 마음을 놓는 얼굴을 한다. 그리고는 웃으면서 본격적으로 걱정을 털어놓는다.

"선생님, 아이가 많이 산만한 편인가요?"

"선생님, 우리 아이는 다른 아이들과 달리 많이 여성스러운데 괜찮을까요?"

하루에 세 명 정도의 아들맘을 만나 상담을 하는데, 1교시 엄마는 아이가 산만해서 걱정이고 2교시 엄마는 아이가 너무 얌전해서 걱정이다. 형제를 키우는 엄마는 상대적으로 부족한 아이를 걱정한다. 엄마에게는 누구나 자녀의 위험을 감지하고 부족한 부분을 찾아내는 본능이 있다. 시간이 갈수록 아이의 장점은 일상처럼 익숙해지고 단점만 눈에 밟힌다. 신의 장난인지, 엄마는 그렇게 설계되어 있다.

"어머니, 왜 아직도 이걸 안 시키셨어요?"

"어머니, 요즘 이러면 안 돼요. 뒤처지는 거 순식간이에요!"

자극적인 말들이 엄마를 흔든다. 엄마는 이런 말에 저항하면서도 끌려간다. 불안을 부추기는 말은 엄마의 지갑을 열고 신용카드를 부른다. 우리는 많은 사교육 업체와 상담가가 이런 불안함을 이용하는 것을 지겹게 목격해왔다. 더 무서워하고 걱정해야 할 것은 엄마들도 이 사실을 알고 있다는 점이다. 상술임을 알면서도 '엄마 때문에 아이가 자라지 못하고 있다'는 말에 어김없이 무너진다. 불가항력적이다. 한번은 이런 상담을 한 적이 있다.

"어머님, 오늘 첫 수업에서 승현이의 성향을 관찰해봤어요. 일반적인 아이들보다 좀 더 자기주도 성향이 강하다고 유추됩니다. 그렇기 때문에 승현이에게는 자기주도 성향이 강하다라는 장점이 있을 거예요. 혹시 집에서는 엄마가 간섭하는 것을 싫어하지는 않나요? 이런 성향을 좀 더 긍정적으로 발달시켜주려면……."

"선생님. 왜 저에게 좋은 말만 해주시나요? 긍정적인 이야기만 하시니까 잘 안 믿겨요. 그냥 솔직하게 말해주세요."

난 그저 아이의 행동을 기반으로 성향을 유추했고, 그것을 장점으로 바라보는 시각을 전달했을 뿐이었다. 하지만 아이의 어머니는 불안한 눈빛으로 혹시 내가 아이를 칭찬하기 위해 억지로 말을 만들고 있는 것은 아닌지를 확인하려고 했다. 이건 단지 승현이 어머니만의 이야기가 아니다. 이런 반응이 잘못되었다고 이야기하는 것도 아니다. 그동안 아들 때문에 마음고생이 심했던 아들맘 대부분이 가진 특징 중 하나다. 희망을 찾고 싶으면서도 상처받을 준비부터 하는 엄마의 마음은 얼마나 조마조마할까.

나는 그럴 때 이렇게 설명한다. 자기주도 성향의 강도, 인정받고 싶은 욕구의 유무, 공감 능력 등 수업 때마다 선생님의 눈에 읽히는 아이의 모습은 특별할 것 없는 성향일 뿐이라고. 장점과 단점이라고 꼬집어 말할 수 없다고. 아이의 성향을 어떻게 긍정적으로 발전시킬 것인지에 대한 큰 그림을 엄마가 그리지 않는 한, 성향은 그저 사실에 불과하다. 하지만 불안한 엄마는 상처의 딱지를 건드리듯, 표류하는 배 위에서 바닷물을 떠 마시듯 불안과 부정의 요소를 찾는다.

그래서 센터에서 이뤄지는 아들맘과의 첫 상담 대부분은 걱정을 덜어내는 방향으로 흐른다. 그게 아들맘에게 당장 필요한 처방이기 때문이다. 걱정을 붙들어두는 것. 아직 아무것도 시작하지 않은 상태에서 부정적인 생각을 하는 태도를 멈추게 하는 것.

어떤 아들맘은 선생님 입에서 아이 이름만 나와도 눈물을 떨군다. 너무 사랑해서 그렇다. 아무나 가질 수 없는 마음이기 때문에 존경스러워 보이기도 한다. 울 일이 아닌데도 주책맞게 눈물이 난다며 애써 웃으려고 노력하지만, 감춰둔 눈물이 터져 올라왔는데 쉽게 눌릴 리 없다. 그 마음도 헤아려진다. 아이가 당연히 겪어야 할 적당한 경험마저도 엄마는 두렵기 때문일 것이다. 행여나 아이가 상처를 받을까 걱정되고, 가슴이 아리다.

상담을 하면서 나는 이런 아들맘들에게 복잡하고 방대한 지식이 필요한 게 아니라는 것을 알게 됐다. 엄마는 아이의 객관적인 성향마저도 단점으로 해석하려는 경향이 있다. 본능적으로 아들의 부족한 부분을 찾는다. 그래서 많은 남자아이들이 엄마 앞에서 잘하는 아이로 보이고 싶어한다. 가장 인정받고 싶어하는 대상이 나의 단점만 바라본다고 느끼면 스트레스를 받기도 한다. 엄마의 관점에 따라서 장점이 단점으로 단점이 장점으로 바뀔 수 있다.

방황하는 아들맘에게는 아이의 성향을 정확하게 파악할 수 있는 안목이 필요하다. 육아 방식은 그 다음에 결정할 문제다.

수많은 남자아이와 함께 생활하면서 느낀 건, 아이에게 필요한 환경은 더 멋지고 놀랍고 새로운 교육이 아니라는 사실이다. 아이에게 가장 중요한 환경은 엄마의 마음이다. 자신의 육아가 옳다고 믿는 엄마의 확신. 자기 자신에 대한 확신이자 아이에 대한 확신이 가장 중요하다. 그 확신은 아이의 성향 파악에서 시작된다.

아들상자

엄마가 아이의 성향을 어떻게 긍정적으로 발전시킬 것인지에 대한 큰 그림을 그리자.

아빠와 아들의 유대는
어떻게 형성되나요

아들 훈육과 육아에 관심이 없는 듯한 남편. 그런데 아빠와 아들은 왜 그렇게 가까워 보이는 걸까?

혹시 남편에게 육아에 대해 질문해본 적 있는가? 엄마가 아빠에게 조언을 구하면 아빠 대부분은 문제가 없다는 식으로 대답한다. "우리 아들 너무 산만하지 않아?"라고 질문했을 때 "원래 애들은 다 이 정도는 산만해"라는 대답으로 무심함을 증명하는 경우가 그런 예다. 지금까지 우리는 남편이 무심하다고만 생각했지만, 사실 아빠들과 대화를 나누다보면 이것은 무심함이 아니라 진심을 기반으로 한 경우가 더 많다.

무슨 말인가 하면, 아들이 산만하게 뛰어놀고 무언가에 집중하지 못할 때 아빠는 그 모습을 본능적으로 공감하는 경우가 많다는 것이다. 자신이 겪어봤던 일이기도 하고, 아이가 뛰어노는 모습만 봐도 말로 설명할 수 없는 동질감을 느끼기도 한다. 그런 마음을 아내에게 표현하는 능력이 현저하게 떨어질 뿐이다.

엄마와 아빠는 아들을 가르치는 방식에도 차이가 있다. 아들이 만들기를 하다가 엄마와 아빠에게 질문을 한다.

"이거 어떻게 해야 해요?"

이 질문에 아빠와 엄마는 조금은 다른 방식으로 대답한다.

"아들, 그래서 이렇게 하면 이게 이렇게 될 거야. 자, 잘 봤어? 이건 이렇게……."

보통 엄마는 아들이 물어봤으니 최대한 친절히 대답해준다. 매번 그러는 것은 아니지만 설거지를 하다가도 고무장갑을 벗는다. 엄마로서 의무감에 하던 일을 멈추고 아이에게 알려준다. 쏟아지는 집안일에 아들의 질문까지 모두 해결하는 일은 쉽지 않다. 그래도 대답 한 번 더 해주면 아들이 한 뼘은 더 자랄 거란 생각에 최대한 노력한다.

문제는 물어보고 안 듣는 아들이다. 물어보고 대답이 조금만 길어져도 딴짓을 하거나 엄마가 자신을 가르치는 행위 자체에 스트레스를 받는다. "알았어. 그만해"라고 말을 툭 끊을 때마다 엄마는 수명이 줄어든다. 도대체 물어보고 안 듣는 저 마음은 뭘까?

남자아이를 이해할 때 꼭 알아야 할 성향 중 하나는 자기주도 성향이다. 이것을 다른 말로 권력 의지라고도 부른다. 남자아이에게는 자신의 환경을 스스로 주도하고 싶은 욕심이 있다. 이 때문에 남자아이가 여자아이보다 게임에 잘 빠지는 것이라는 연구 결과도 있다. 어쨌든 엄마는 아들에게 최선을 다해 대답하지만 결과는 좋지 않을 때가 많다.

그럼 아들의 질문에 아빠들의 반응은 어떨까? 모두가 그런 것은 아니지만 대부분의 아빠는 이렇게 반응한다.

"가지고 와봐. 자, 해봐. 어때? 됐지?"

아빠는 본능적으로 가르치기 앞서 아들에게 경험할 기회를 주고 아들의 경험을 존중하는 경향이 있다. 물론 모두가 그렇지는 않지만 엄마보다 높은 비율로 아들의 실패에 민감하지 않다. 그러다 보니 아빠는 아들과 게임을 할 때 져주지 않아 아들을 울리기도 한다. 여자들은 친할수록 경쟁하지 않고 우정을 위해 져주지만 남자들은 친할수록 치열하게 경쟁하고 이기려고 한다. 이게 남자들의 방식이다. 아들은 놀이터에서도 험한 형들을 본능적으로 따르고 쫓아다니다가 외면당해서 앵울다가도 또 쫓아가기를 반복하는 존재다.

그래서 자라다남아미술연구소에 근무하는 교사는 전부 다 남자여야 한다는 철칙이 있다. 여자 교사도 잠시 있었지만 본질적으로 칼싸움에 대한 즐거움을 느끼지 못하는 데서 어려움을 겪는 모습을 자주 보았다. 남자아이가 좋아하고 즐기는 놀이에 대한 깊은 공감과 즐거움을 함께하지 못한다는 공통점이 있었다.

그래서 나는 성별이 다른 동갑내기보다는 7세 남자아이와 27세 남자 선생님 사이에 공통점이 더 많다고 생각한다. 이런 만남에서는 엄마한테 6년간 털어놓지 못했던 이야기를 처음 만난 27세 남자 교사에게 털어놓는 일이 빈번하다.

예를 들어 수업을 하다보면 뜻하지 않게 아이가 현재 누구를 좋아하고 마지막 고백은 언제 했는지까지도 알아내버릴 때가 있다. 물론 엄마도 알아낼 수는 있다. 하지만 엄마가 평생 지켜본 아들의 모습과 선생님이 1시간 파악한 아이의 모습이 다른 경우가 종종 있다.

모르고 있던 사실도 캐치해서 알려주는 경우도 많다. 학교에서 지금 누구와 사이가 안 좋은지, 혹은 누구와 싸움 서열 순위가 몇 위인지는 엄마가 파악하기 힘들 것이다.

우리는 그런 대화를 통해 아이의 성향에 맞는 교육과 놀이를 찾아간다.

우리 사회에 남자 교사가 더 많아져야 한다. 남자아이들을 이해해줄 수 있는 남자 선생이 절대적으로 부족하다는 점이 안타깝다.

아들상자

아빠는 본능적으로 아들의 행동에 공감한다. 아들이 문제에 부딪히면 해결해주기보다는 경험할 기회를 준다. 부자의 공감은 그렇게 형성되어간다. 남성의 특징으로 이해해야 할 부분이다.

아이의 머릿속이
궁금해요

아이가 마음을 닫고 더 이상 표현하기를 거부한다면 어떤 교육도 효과 적일 수 없다.

"내 속으로 낳은 자식이지만 정말 속을 모르겠어요."

비단 아들맘들만의 고충은 아닐 거라고 생각한다. 그러나 아들맘들에게서 유독 하소연이 짙은 이유는, 여자아이들에 비해 말수 자체가 적은 탓도 있지만 학년이 올라갈수록 엄마에게 터놓기보다 스스로 해결하려는 남자아이 특유의 자기주도 성향 탓이다. 마마보이가 아님을 스스로에게 증명하고 싶어서인지 자신이 훌륭한 아들이라 믿는 엄마의 믿음을 깨고 싶지 않아서인지는 알 수 없다. 분명한 것은 많은 남자아이가 고민과 문제 앞에서 입을 다문다는 사실이다.

우리가 아이를 가르칠 때도 마찬가지다. 아이가 그림을 그리지 않을 때, 대외용 보여주기식 그림만 그리고 더 이상 미술놀이를 원하지 않을 때, 그림을 그리고 있으나 눈빛이 시시하게 죽어 있을 때 우리는 더 이상 아이가 가진 가능성과 숨겨진 마음을 끌어내기 어렵다. 아이가 입을 닫듯 표현을 닫고 나면 어떤 좋은 교육도 들어가지 않는다. 이때 효과적인 방법 중 하나는 같이 그림을 망쳐보는 것이다.

선생님 앞에서 잘 그려야 한다는 부담감을 내려놓는 것만으로도 아이는 다시 표현에 원동력을 얻기도 한다. 그만큼 요즘 아이들이 타인의 시선에 부담을 느끼고 있다. 아들이 뭔가를 감추고 있다는 것이 감지되거나 여러 가지 이유로 아들의 속마음을 들어야 하는 시기가 왔다면, 아이에게 대화 좀 하자며 정색하고 아이를 앉혀두는 부담스러운 시도는 잠시 접어두자. 그 대신 아이와 함께 그림을 망쳐보는 것을 권한다. 이렇게 하면 된다.

먼저 4절 켄트지를 몇 장 사들고 와서 아들에게 그림을 그려보자고 제안하자. 별 어려움 없이 그림을 그리는 아이도 있지만, 우물쭈물하면서 그리지 않는 아이도 있을 것이다. 그리지 않는 아이에게는 동그라미만 하나 그려보라고 해도 좋다.

다음으로 아들에게 "엄마도 여기 그려봐도 될까?" 조용히 물어보고 옆에 괴물을 하나 그려보자. 괴물이 입을 열고 불을 뿜으며 아들의 그림을 공격한다면 아들은 어떻게 반응할까? 성향별로 다른 반응이 나온다. 어떤 아들은 흥분하며 괴물을 공격하고, 어떤 아들은 자신이 그린 그림에 자신을 이입하며 방어하기 시작한다. 또 어떤 아들은 강을 그리고 그 강에서 물을 길어다가 불을 끈다. 이런 친구들은 보통 스토리텔링 능력이 높은 것이다. 흥분하며 공격하는 친구는 경쟁심이 높다. "나는 엄마 괴물보다 더 큰 거 알거든?" 하면서 새로운 괴물을 등장시키는 친구는 인정받고 싶은 욕구가 큰 편이다.

이럴 때 비로소 아이의 이야기가 시작된다. 아이 그림 옆에 괴물을 그리는, 어쩌면 가장 아동 미술답지 않은 교육은 아이의 눈을 빛나게 만든다. 엄마가 옆에 꽃을 그리며 꽃 그리기를 유도할 때와 괴물을 그리고 불을 뿜을 때 아들의 반응은 180도 달라진다. 침을 튀기며 열정적으로 이야기를 쏟아내고, 어떤 아이는 그림에 너무 몰입한 나머지 침을 흘리기도 한다. 이렇게 아들이 열정적으로 변화한 이유가 뭘까? 우리가 보기에 예쁜 교육이 아니라, 아들이 매일 상상하는 어떤 무엇을 건드린 것이다.

이렇게 낙서를 해나가다보면 그림은 알아보기 힘든 지경에 이르게 된다. 물론 예쁘고 자랑할 만한 그림은 아니다. 하지만 아들의 표정을 보면 괴물 그림 놀이의 의미를 알게 될 것이다. 예쁜 그림은 그다지 중요하지 않다.

우리가 낙서를 통해, 그림을 망치는 행위를 통해 아들에게 전달하고자 하는 것은 "엄마는 너를 평가하지 않아. 마음껏 더 네 이야기를 해도 돼"라는 메시지다. 아들은 사랑받는 것보다는 인정받는 것을 좀 더 중요하게 생각하는 존재다. 그러다 보니 항상 엄마의 평가에 휘둘리며 산다. 산만하고 생각 없어 보이는 아이조차도 늘 엄마가 자신을 어떻게 생각하는지 고민하고 살핀다. 엄마가 만족하는 모습을 보이면 기쁘고 엄마가 시큰둥하거나 만족하지 않는 듯한 표정을 보이면 스트레스를 받는다.

괴물 그림 놀이를 할 때, 아들의 반응을 보면 처음에는 이래도 되나? 하는 표정을 짓다가 금세 몰입한다. 잘해야 한다는 강박에서 의식적으로 벗어나게 해주는 것만으로도 아들은 배꼽 아래 깊이 숨겨놓았던 본성을 꺼내놓는 경험을 한다. 그게 공격적이든 못생겼든 중요한 것은 자신의 진짜 모습을 꺼냈다는 것이다. 이때 문득 생각난 듯 아이와 대화를 시도해보자. 아마 훨씬 부드럽게 대화가 가능할 것이다.

아이 속을 도통 짐작할 수 없다는 생각이 든다면, 아이가 자신의 속마음을 눈치 보지 않고 드러낼 수 있는 환경이 맞는지 되돌아보자. 이런 이야기를 하는 이유는, 내가 현장에서 만난 아이들은 늘 자신을 표현하고 싶어하는 존재들이었기 때문이다. 아이가 자신의 속마음을 편안하게 표현할 수 있는 환경이란, 엄마가 원하는 이상적인 아들의 모습을 아이가 눈치채지 못하는 환경을 의미한다.

"엄마는 민준이가 ~했으면 좋겠어"라는 말의 횟수가 늘수록, 아이가 엄마의 기대를 눈치챌수록, 아이는 자기 본연의 모습으로 피어나기 힘들어진다는 것을 기억하자. 때로는 가장 가까운 엄마가 아이의 속을 감추게 만드는 원인이 되기도 한다.

아들상자

아들이 잘해야 한다는 강박에서 벗어날 수 있게 도와주자. 아들은 배꼽 아래 깊이 숨겨놓았던 자신의 본성을 꺼내놓을 때 어른들과 깊은 유대감을 느끼게 된다. 좋은 교육은 그때 이뤄진다.

아들이 좋은 남자로 성장하면 좋겠어요

엄마는 오늘도 아이의 단점 때문에 불안하고 불편하고 조급하다.

"어머님. 아이가 다른 애들이랑은 조금 다른 면이 있네요. 병원에 한번 가보면 어떨까요?"

ADHD 의심, 확진을 받은 엄마의 마음을 아는가? 대화가 눈물로 시작해서 눈물로 끝을 맺는다. 정말 병원의 도움이 필요한 친구들이야 존재하지만 상당수는 그냥 교사가 개인의 경험에 의지해 아이를 판단하고 병원에 보내기도 한다는 점을 우리는 주목해야 한다.

한번은 아들연구소의 아들맘 모임에서 ADHD를 가진 아이를 키운 어머니를 모신 적이 있다. 우리는 소박하게 자신들의 고민을 털어놓고 대답하는 시간을 가졌다. 작은 규모로 시작했던 모임인데 입소문이 나서 이날은 아들 가진 엄마 200여 명이 참석했다. 이날의 손님은 20여 년 전에 ADHD 확진 판정을 받았던 아들을 키운 어머니였다. 당시에는 아주 힘들었겠지만, 아들이 장성한 지금 마이크를 잡는 엄마의 얼굴에는 여유가 있었다.

"하루는 아이 학교에서 연락이 왔어요. '어머님 오늘 학교 좀 오세요'라고 해서 갔더니 선생님이 아이를 복도에 세워놓고 걸어보라고 하더라고요. 그때 너무 웃겼던 게, 애가 복도 끝에서 끝까지 흐느적흐느적 오징어처럼 걷는 거예요. 선생님이 내뿜는 분위기는 안 좋은데, 제가 분위기 파악 못 하고 그 자리에서 박장대소를 해버렸어요. 선생님은 어이없어 했지만 저는 아들이 잘못되었다고 생각하지 않았거든요."

쾌활한 목소리로 그때의 일을 이야기하기까지, 얼마나 마음 아픈 시간을 견뎠을까. 나는 어머님의 이야기를 듣다 두 모자가 버텨왔을 시간을 상상했다.

모두가 문제 있다고 손가락질 했던 그 여덟 살 오징어 아이는 이제 20대 후반이 되어 당당히 자기 삶을 멋지게 꾸려가고 있다. 꿈을 키워 박카스 영화제에서 최우수상을 받았고, 베를

린까지 가서 단편영화제 수상을 하는 영화감독으로 성장했다.

아이들의 모든 성향에는 양면성이 있다. 자폐 성향이 있는 친구들에게 종종 보이는 서번트신드롬처럼, 흐느적거리고 집중하지 못하는 남자아이의 머릿속에는 무시무시한 이야기와 상상속의 사건들이 펼쳐져 있기도 하다. 오동하 감독의 경우가 그렇다. 학교 공부 대신 소설을 쓰는 아들과 엄마는 밤새도록 대화를 나누었다고 한다. 아들의 끊임없는 상상력에 감탄하면서 아들의 이야기를 듣는 일이 엄마의 가장 큰 즐거움 중 하나였고 엄마의 믿음은 아이를 뛰어난 감독으로 성장시켰다.

반대로 아이가 내향적이고 조용해서 걱정인 사례도 있다. 아이들 상담을 하다보면 에너지가 넘쳐 걱정인 엄마들 숫자만큼이나 에너지가 작고 소심해서 걱정인 남자아이들이 존재한다. 이런 아이를 키우는 아들맘은 오히려 에너지가 넘치고 다소 산만해도 똑부러지게 말대답하는 아이들이 부럽다. 우리 아들이 학교에 가서 적응이나 잘할 수 있을까, 걱정한다.

두 번째 발표 시간에는 초등학교 6학년 때까지 내향적이고 자기 의견을 잘 피력하지 못하는 아들 때문에 고민하던 어머님이 있었다.

상근이는 초등학교 때까지 소극적이고 내향적이라 다소 걱정된다는 담임선생님의 소견이 생활기록부에 빠진 적 없었다.

어디서나 흔하게 볼 수 있던 조용하고 순종적인 남자아이였다. 자기 의견 피력이 약하고 소극적이던 상근이를 걱정하던 엄마는 상근이가 중학교에 입학하는 해 가족회의 자리에서 중대한 결정을 내렸다. 단돈 4만 원만 내준 상태로 아이 혼자 4박 5일간 전국일주를 하게 한 것이다.

스마트폰도 없던 시절, 아직까지 엄마 없이 무언가를 결정해본 적 없는 아이에게 오로지 혼자 여행을 계획해서 가보라고 제안하는 일은 엄마로서 어려운 결정이었을 것이다. 지금도 세상이 흉흉하지만 그때도 세상은 흉흉했다. 그러나 상근이 어머니는 세상이 아무리 무섭기로서니 상근이가 세상에 대한 마음을 닫아버린 아이로 자라지 않기를 바랐다. 그래서 홀로 떠나는 무전여행을 제안했고 상근이는 제안을 받아들였다. 여행 일주일 전부터 매일 가족회의를 통해 자신이 어떤 루트로 어떻게 다녀올 것인지를 상의했다. 그리고 정말로 단돈 4만 원을 꼭 쥐고 엄마 품을 떠나 전국 일주를 떠났다.

여행 코스는 주로 책에서 봤던 근현대사 유적지 위주로 돌아보았다고 한다. 천안 현충사, 추사 김정희 고택, 정읍 고부 읍성, 광주 5.18 망월동 묘지, 땅끝마을 유명한 시인의 생가, 다산초당 등 교과서에서만 봤던 근현대사 유적지를 직접 가보고 잠은 대학교, 절, 교회 등에서 잤다. 행여 상근이가 가출 소년으로 보일까봐 걱정이 되었던 상근이의 부모님은 노트에 '비둘기를 보내는 마음으로 상근이를 보냅니다. 상근이에게 응원하는 글 한 구절 부탁드립니다'라는 문구를 적어 여권 대신 쥐여줬다.

아직 겁 많은 중학교 1학년 상근이는 그렇게 잠자리를 구하고 먹을 것을 구하면서 사람들에게 자신을 내어놓는 방법을 배우고, 사람들의 따뜻한 온기를 느꼈다고 한다.

차비도 안 되는 4만 원을 들고 떠난 상근이는 집에 왔을 때 주머니에 10만 원을 넣어 돌아왔다. 상근이가 다른 지역으로 이동할 때마다 만났던 분들이 조금씩 주었던 용돈이었다.

성인이 된 상근이는 『80만 원으로 세계여행』이라는 책을 저술해 20대에 베스트셀러 작가가 되었고, 지금은 그때 느꼈던 세상의 온기를 밑천 삼아 '(주)사람에게 배우는 학교'의 대표로 아이들에게 세상의 지혜와 온기를 전해주는 일을 하고 있다. 어렸을 적 누구보다 순종적이고 소극적이었던 아이가 지금은 누구보다 자기주장을 잘 펼치는 당당한 성인 남성으로 성장한 것이다.

나 역시 산만한 아들로 자란 시기가 있다. 초등학생 때의 생활기록부에는 늘 '다 좋으나 산만함'이라는 담임선생님의 관찰 기록이 조금씩 다른 문장으로 해마다 적혀 있었다. 어지간했

나보다. 하지만 지금의 나를 아는 사람들은 나의 어린 시절을 상상하지 못한다. 에너지 넘치던 산만함의 흔적은 이제 가까운 사람 말고는 발견하지 못할 정도다.

삶을 당차고 멋지게 꾸려가는 내 친구들을 가만히 보면, 어렸을 때 과연 멋지게 자기 역할을 하는 남자가 될 수 있을까 걱정이 올라올 정도였던 아이들이 많다.

너무 조용해서 친구에게 당하고만 있는 아이 모습을 보고 있으면 커서 험난한 세상은 어찌 살아갈까 걱정이 될 것이다. 산만한 아들의 뒷모습을 가만히 보고 있노라면 20년 후 산만한 성인 남자가 어른거려 걱정이 될 수도 있다. 하지만 아들이 10년 뒤에도 같은 모습일 것이라는 두려움은 내려놓자. 아이들이 겪는 문제는 시간의 도움이 필요한 경우가 많다.

아들상자

 장점과 단점은 바라보기 나름이다. 두 가지 모두 아이의 성향일 뿐이다. 어떻게 키워주고 모양을 잡아나갈 것인지를 고민하는 것이 훨씬 현명하다.

제2장

우리 아들은 대체 왜 이럴까요?

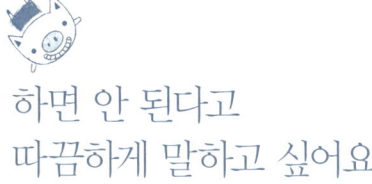

하면 안 된다고
따끔하게 말하고 싶어요

아들의 기가 죽을까봐 아이의 행동을 통제해야 할 순간에 엄마가 단호하지 못하면 언젠가는 대가를 톡톡히 치른다.

"너 엄마가 그렇게 하지 말랬지?"
"응? 안 그랬는데. 안 그랬는데."

육아법에도 트렌드가 있다. 몇 년 전까지만 해도 호랑이 같은 엄마가 대세였는데, 요즘은 친구 같은 엄마되기가 육아의 주류를 형성했다. 그러면서 아들을 통제하기 힘들어하는 엄마들을 곳곳에서 많이 본다.

상담을 하다보면 엄마에게 쉽게 짜증 내는 아이를 자주 보게 된다. 선생님과 엄마의 대화에 낄 수 없는 그 상황에서 아이는 자신의 심심함을 달래려고 엄마에게 휴대폰 게임을 하게 해달라고 조른다. 이런 경우는 다반사다. 심지어 허락을 구하는 게 아니라 거래를 하듯이 말하는 아이도 있다.

"엄마, 나 심심해."

"조금만 참아. 엄마는 선생님이랑 얘기 좀 하고."

"아, 나 그럼 게임할래."

"너 이번 주에 많이 했잖아. 안 된다고 했지?"

"아, 진짜…… 심심하단 말야! 그럼 뭐하라고."

"으이구, 진짜. 오늘만이야."

기죽이지 않으려고, 창의성을 높이려고, 그 외 다양한 이유로 아들의 행동을 통제해야 할 순간에 엄마가 하지 못하면 언젠가는 대가를 톡톡히 치른다. 아이는 어떤 순간에 엄마가 약해지는지, 순순히 스마트폰을 내주는지 육감으로 안다.

엄마가 아이에 대한 통제력을 상실했다는 것은 다른 말로 부모로서 권위를 잃었다는 것이다. 부모 스스로 권위적인 훈육에 대한 반감이 있는 경우도 종종 있지만, 권위적인 것과 권위가 있는 것은 엄연히 다르다. 아이의 창의력을 키워주기 위해 다양한 생각을 제한하지 않는 것과 권위를 잃는 것 또한 분명히 다르다.

아이가 재미난 것을 발견해서 재잘재잘 쉬지 않고 말로 표현할 때는 힘들어도 다독여줘야 한다. 하지만 엄마가 다른 사람과 대화하고 있을 때 끼어들어서 자신이 원하는 바를 떼쓰듯 말하는 행동은 단호히 제지해야 한다. 이때 자신이 통제당하는 이유를 엄마가 논리적으로 설명해주는 것도 중요하다. 아이가 장난감으로 다른 행성과 전쟁하듯 놀 때는 존중해줘야 하지만 장난감을 던져 동생에게 위협을 하는 행위는 엄마가 단호하게 제지해야 한다.

엄마가 권위를 잃는 이유는 다양하다. 첫째, 엄마가 무엇을 제지할 것인지 명확한 기준을 세우지 못했을 때다. 제지하지 말아야 할 때 과하게 행동을 제압해서 아이와 소통이 단절되는 경우도 있고, 제지해야 할 때 그러지 않아서 아이가 잘못된 습관을 갖기도 한다.

예를 들어 아이가 혼자 집중해서 그림을 그리는데 가만히 보니 로봇이 무언가를 공격하는 장면이다. 이 때 우리는 제지해야 할까? 말아야 할까? 보통 엄마들은 아들의 공격적인 그림을 그리 달가워하지 않는다. 그림 속의 로봇이나 자동차의 미사일을 그대로 두었다간 행여 아들에게 폭력성이 생길까봐 한마디 하게 된다.

"민준아, 이런 그림은 그리지 마. 나쁜 그림이야."

그럼 아들은 어떻게 반응할까? 아이는 '아, 이런 그림은 안 좋은 그림이니 앞으로 그리지 말아야겠다'라고 생각하지 않는다. 대신 이렇게 생각한다. '엄마는 이런 걸 싫어하니 엄마 앞에서는 그리지 말아야겠다.' 그러고는 엄마가 보지 않는 곳에서 공격적인 그림을 그리기 시작한다. 단순히 그리지 말라는 말로는 아이의 행동을 억누를 뿐, 근본적인 대책이 되지 않는다. 오히려 아이가 엄마 앞에서 자신의 솔직한 모습을 보이지 않기 시작하면서 진짜 문제가 시작된다. 엄마가 볼 수 없는 곳에서 아들이 자라기 시작하는 것이다.

아들맘이 겪을 수 있는 위기는 아들이 담배를 피우고 같은 반 아이를 때리는 등의 불량스러운 행동을 저질렀을 때가 아니다. 엄마와 진솔한 대화가 끊겼을 때 위기가 찾아온다는 걸 잊지 말아야 한다. 시간이 흐를수록 엄마가 아는 아들과 교실에서의 아들 사이에는 점점 격차가 생긴다. 절대로 일치되지 않는다. 행여 중학생 아들이 흡연을 하더라도 엄마에게 솔직한 고민을 털어놓고 담배에 대해 상의할 수 있는 상황이면 언제든 문제를 바로잡을 수 있지만, 소통의 끈을 놓친 이후에는 준비물을 깜빡하는 것과 같은 사소한 문제에서도 사이가 단절되는 결정적인 사건이 생길 수 있다.

엄마의 권위가 상실되는 두 번째 경우는 엄마가 아들의 본성을 직면했을 때 충분히 대화를 나누는 시간 없이 자신이 옳다고 생각하는 쪽으로만 문제를 해결해가려고 할 때다. 이는 문제를 해결하는 것이 아니라 문제의 근본을 외면하는 것이다. 그러면 아들 역시 성장하면서 자신이 겪는 문제를 올바르게 직면하지 못하게 된다. 혼자서 조용히 뒤에서 풀어내려고 하다가 잘못된 길로 빠져나가게 되는 것이다.

성장하면서 겪는 갈등과 유혹, 선택 등은 누구에게나 있는 일이지만, 유년기에 가족이 문제를 공감해주지 않고 외면하면 그것들이 상처의 고름처럼 박혀 있다가 썩어버리게 된다. 매듭을 제대로 풀지 못한다.

우리가 아들의 행동을 제지할 땐, 그들의 본능을 잘 이해하고 선을 정하는 것이 중요하다. 예를 들면 사람은 누구나 태어날 때 거짓말을 하도록 설계되어 있다. 그런데 엄마가 자신의 신념을 내세워서 "나는 다른 건 몰라도 거짓말은 용납 못해!"라고 호되게 야단만 친다면 아들은 자존감이 무너지기만 할 뿐, 문제의 근본은 해결이 되지 않는다. 물론 거짓말을 자꾸 하는 버릇도 해결할 수 없다.

"거짓말을 하면 정말 못된 사람이야. 엄마는 거짓말하는 사람 절대 용서 안 해."

평소에 아이에게 이렇게 협박 아닌 협박을 해왔다면 아이는 거짓말을 안 하는 사람이 아니라 거짓말을 하면 절대 들키지 않는 아이로 자랄 수 있다. 못된 아이라서가 아니다. 세상의 모든 인간은 자신이 난처해지는 것을 싫어한다. 옳고 그른 것에 대한 가치관이 정립되지 않은 아이는 오죽할까. 거짓말은 사람의 일부다. 그렇게 설계되어 있다.

반대로 아들이 언제든지 거짓말을 할 수도 있음을 인정하고 스스로 거짓말을 고백하기 위한 환경을 만들어준다면, 아이는 자존감을 다치지 않고도 거짓말을 교정해나갈 수 있다.

조금 이상한 비유로 들릴 수도 있겠지만 아이의 거짓말을 교정하는 행위는 퇴마사가 악령을 쫓아내는 행위와 비슷하다. 영화에서 아이 몸에 깃든 악령을 쫓아낼 때, 퇴마사는 어김없이 악령 스스로 자신의 이름을 고백하게 한다. 아이 몸에 깃든 거짓말을 쫓아낼 때 제일 중요한 것은 고백하게 만드는 분위기다. 아이가 자신의 거짓말을 스스로 고백했을 때, 부모님은 진정한 형님의 길에 들어서게 된 걸 최대한 유난스럽게 축하해줘야 한다.

"누구나 거짓말을 하지만 이 거짓말이라는 것을 인정하는 것이 가장 용기 있는 행동이야!"

그러면 아이는 거짓말했던 자신을 부정하지 않고 자신을 수용하고 용서할 수 있다. 또한 죄책감과 자신을 둘로 분리하는 경향을 버리고 스스로 문제를 해결할 수 있는 힘을 갖게 된다.

7년 동안 자라다남아미술연구소를 운영하면서 수많은 아들과 엄마를 보며 느낀 것이 있다. 아들을 변화시키는 힘의 핵심은 내 아들의 본능을 직면하고 인정하는 데서 시작된다는 것이다. 센터에서 선생님들이 본 아이의 모습과 엄마가 본 아이의 모습이 일치되었을 때, 아들은 편안한 상태에서 모나지 않은 모습으로 성장한다.

아들의 부족한 면을 봤을 때, 인정하지 못하고 외면한다면 아들은 앞으로 매 순간 닥쳐올 삶의 험난함 앞에서 도망치거나 폭력적으로 변하게 된다. 속이 단단한 어른으로 성장할 기회를 조금씩 잃게 된다. 잊지 말자. 아이가 보이는 오늘의 나쁜 행동은 어제 내가 외면했던 작은 습관일 수 있다.

아들상자

아들이 원하는 바를 이루기 위해 떼를 쓰거나 갑자기 폭력적으로 돌변할 때는 단호히 제지해야 한다. 이때 엄마가 엄격해지는 이유를 논리적으로 설명해주는 것도 중요하다.

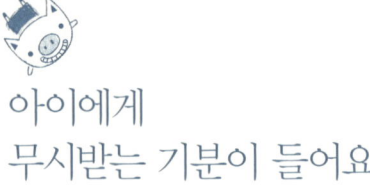

아이에게 무시받는 기분이 들어요

교사와 부모가 아이 앞에서 규칙을 지키지 않는 모습을 보여주면 아이들은 여과 없이 그 모습을 그대로 따라한다.

"선생님. 아이가 제 말을 우습게 듣는 것 같아요."

나는 이런 상담도 종종 받곤 한다. 사실 누군가의 말을 듣는다는 것은 단지 육아에만 해당되는 것이 아니다. 연령과 세대를 넘나들어 사회에서도 비슷한 경우는 많다. 그만큼 말하는 사람의 권위를 세우는 일은 본능적이라는 뜻이 될 수도 있다.

아이를 가르치는 선생님들을 지켜보면 열심히는 가르치는데 묘하게 교실을 잘 통제하지 못할 때가 있다. 아이와 비슷한 눈높이에서 친구 같은 선생님이 되는 데엔 성공했지만, 선생님다운 선생님은 되지 못한 경우다.

아이들이 선생님에게 안정감을 느끼고, 그 분위기 속에서 아이들을 이끌어주려면 열린 사고만큼이나 중요한 것이 있다. 바로 정확하게 기준을 세우고 실천하는 것이다. 이 규칙을 유지하는 일이 중요하다. 교사가 상황에 따라 자신이 세운 규칙을 넘나들면 아이들은 여과 없이 그 모습을 그대로 체득해버린다. 시시한 일이라도 규칙을 지키지 못하는 교사는 교실에 대한 통제력을 잃고 만다.

집도 예외가 아니다. 규칙이 없거나 상황에 따라 규칙을 지키지 않는 아들맘은 아들 훈육의 통제권을 잃는다. 예를 들어, 엄마가 밥 먹을 때 돌아다니지 말라는 규칙을 세웠다. 그런데 아들이 좀처럼 가만히 있지 못한다.

"밥 다 먹을 때까지 다른 데는 안 가는 거야."

"네."

하지만 아들은 금방 또 돌아다닌다. 결국 엄마가 화를 내고 훈육을 위해 분위기를 잡는다. 그러면 아들은 이 위기를 모면하기 위해 울거나 도망가거나 특유의 유머감각을 이용해 엄마를 웃기려고 한다. 그도 아니라면 갑자기 오줌이 마렵다고 할 수도 있고, 토를 해버릴 수도 있다. 그 외 아주 무궁무진한 방법으로 아들은 그 순간을 모면하기 위해 분위기를 전환한다.

친구 같은 선생님, 친구 같은 엄마가 훈육에서 놓치기 쉬운 부분이 바로 이 부분이다. 아이가 잘못을 해서 가르치는데 울어버린다고 해서 훈육을 멈추면 안 된다. 아들의 장난스럽고 귀여운 모습에 피식 웃어버려도 안 된다. 이런 광경은 언뜻 훈훈하고 아름답게 보이지만 비극의 시작이 될 수 있다. 아이는 그 방법으로 위기를 넘길 수 있다고 학습해버리기 때문이다.

훈육할 때는 그 목적을 정확히 해야 한다. 훈육은 우리의 감정을 쏟는 일이 아니다. 선생님과 엄마가 화가 났으니 그만하라는 메시지를 주는 것도 아니다. 아래와 같은 사실을 전하는 것이다.

"나는 너한테 화가 나지는 않았지만 분명히 네가 방금 한 일은 잘못된 거야. 우리는 지금 그 일에 대해 이야기하고 있는 거야."

웃지 않고 화내지 않고 냉정하고 단호하게 알려줘야 한다. 끝까지 화내지 않지만, 아이의 모습에 흔들리지 않은 상태를 유지하고 냉정한 목소리로 아이에게 의지를 전달해야 한다. 지속적으로 노력하면 어느새 아이는 차분하게 어른의 말을 수긍한다.

훈육할 때 절대로 웃지 말자. 훈육을 하는 어른이 웃어버리면 모든 걸 망치는 거다. 친구 같은 부모, 혹은 선생님이 되려

하지 말자. 아이를 이끌어주는 부모님과 선생님은 완전한 친구가 될 수 없다. 그 지점을 어른이 올바르게 인식하고 행동할 때 아이는 더 이상 어른을 무시하지 않는다.

> **아들상자**
>
> 규칙을 지키지 못하는 부모와 교사는 아이에 대한 통제력을 잃고 만다. 훈육할 때는 그 목적을 정확히 해야 한다. 웃지 않고 화내지 않고 냉정하고 단호하게 알려줘야 한다.

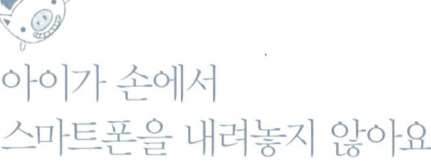

아이가 손에서
스마트폰을 내려놓지 않아요

스마트폰은 남자아이 특유의 인정받고 싶은 욕구와 자기주도 성향을 충족시켜주는 최고의 놀잇감이다. 하지만 남자아이 모두가 스마트폰에 중독되는 것은 아니다.

상담을 하다보면 아들맘들의 하소연에는 스마트폰 이야기가 빠지지 않는다. 특히 자기주도 성향이 강한 아이일수록 스마트폰과 IT 기기를 만지는 일을 좋아한다. 자신이 쉽게 환경을 지배할 수 있기 때문이다. 남자아이에게 유난히 강하게 자리 잡은 권력 욕구와도 잘 맞아떨어진다. 요즘 초등학교 남자아이들은 친구 집에 가서 등을 맞대고 스마트폰 게임을 하다가 돌아온다는 말이 있을 정도다.

스마트폰은 인류 문명의 선물이자 저주다. 식당에서 칭얼거리는 아이를 달랠 때 이제는 엄마의 품보다 훈육보다 장난감보다 스마트폰이 해결책이다. 거치대에 세워두고 아이가 좋아하는 동영상을 검색해준다. 그러면 아무리 달래고 얼러도 꿈쩍 않던 아이가 기적처럼 조용해진다.

아이는 자기가 필요로 하는 자극을 찾아다니면서 성장한다. 야생동물이 자연에서 본능을 깨닫고 영리해지는 것과 비슷한 이치다. 그러한 자극을 찾아 헤매다 때로 산만해지고, 훈육을 당하고, 스스로 절제하면서 조절을 배운다. 하지만 스마트폰은 아이가 별다른 노력을 하지 않아도, 혹은 손가락 터치 정도의 작은 노력만으로 알아서 화면이 바뀌며 원하는 자극의 정도를 만족시켜준다.

아이가 스마트폰을 좋아하게 되면서 생기는 문제는, 몸을 쓰지 않고 행동하지 않고 관찰하지 않는 생활에 조금씩 적응해간다는 것이다. 나는 산만한 아이보다 의욕 없고 무기력한 아이가 더 걱정이 된다.

산만하다는 말은 반대로 생각하면 새로운 자극을 찾아 헤매는 상태다. 관점에 따라 배우고자 하는 욕구가 있다고 볼 수도 있으며, 그 외 긍정적인 해석도 가능하다. 실제로 산만한 아이들은 학습 능력이 떨어지는 것이 아니라, 순발력을 요하는 상황이나 새로운 것을 찾아내야 할 때 또 다른 가능성을 보인다는 연구 결과가 지속적으로 등장하고 있다.

그러나 스마트폰에 빠진 아이들은 다르다. 스마트폰에 빠져 있는 남자아이에게, 스마트폰을 쓰지 못하게 한 뒤에 무엇을 하고 싶냐고 물으면, 열 명 중 아홉은 이렇게 대답한다.

"하고 싶은 게 없어요."

산만한 아이는 엄마와 선생님이 조금 에너지를 쓰더라도 아이가 원하는 자극을 스스로 찾을 수 있게 열심히 반응하면 된다. 하지만 의욕이 없는 아이들은 정말 난감하다.

심지어 스마트폰 게임을 포함한 컴퓨터 게임에 빠지는 비율도 남자아이가 여자아이에 비해 압도적으로 많다. 왜 그럴까? 스마트폰은 남자아이 특유의 인정받고 싶은 욕구와 자기주도 성향을 충족시켜주기 때문이다. 조금만 노력하면 게임 점수가 쉽게 오르고 친구들에게 인정받을 수 있다. 부모의 통제가 닿지 않는 곳에서 나만의 세상을 만드는 재미 또한 쏠쏠하다.

일각에서는 스마트폰의 위험성을 전달하고 아이에게서 스마트폰과 컴퓨터 게임을 격리시키는 데 많은 노력을 벌이고 있지만 여기서 간과하고 있는 사실이 있다. 바로 그들이 왜 스마트폰에 빠지고 있는지에 대한 본질적인 접근이다.

수업이 끝나고 집에 가기 전 복도에 쪼그리고 앉아 30분씩 스마트폰 게임을 하다가 집에 가는 4인방이 있다. 준우, 준영,

민혁, 정민. 이 아이들을 빼고도 남자아이들 사이에서 스마트폰 게임의 아성은 대단하다. 스마트폰 보급률이 좋아지고 현란한 게임이 등장할수록 남자아이들은 점점 스마트폰에 지배받는다. 예전에는 일요일 아침에 하는 디즈니 만화가 전국의 어린이를 흔들었다면 지금은 스마트폰이 아이들을 장악했다.

그런데 아이들을 오랜 기간 관찰해보니, 같은 시간 동안 똑같이 스마트폰으로 게임을 한다고 해서 모두가 중독되는 것은 아니었다. 어떤 아이는 조금만 맛을 봐도 중독되듯 빠져버렸고, 어떤 아이는 더 오랜 시간 게임을 해도 중독되지 않았다. 또 어떤 아이는 스마트폰을 빼앗으면 모든 게 무너진 것처럼 울고 과격해졌다. 심지어 좀처럼 감정을 추스르지도 못했다.

그러나 어떤 아이는 신나게 게임을 하다가도 시간이 되면 이내 스마트폰을 내려놓고 다른 일에 몰두하는 모습을 보였다. 엄마가 스마트폰 사용을 멈추라는 단계별 지시를 내렸을 때 어떤 아이에게는 먹히지만 어떤 아이에게는 먹히지 않았던 것이다. 이 두 부류의 차이는 무엇일까?

우리가 중독에 대해 잘못 알고 있는 것이 있다. 많은 사람이 헤로인 같은 마약류는 한번 손을 대면 끊을 수 없다고 생각하지만 실제로는 그렇지 않다. 일반인도 병원에서 의사에 처방에 따라 고농축 헤로인을 맞는 경우가 있는데 이상하게 그들은 중독되지 않았다. 오히려 길거리에서 구할 수 있는 헤로인보다 더 깨끗하고 강력한데, 치료를 받은 사람 중 일부가 중독되는 일은 일어나지 않았다는 것이다.

1970년대에 들어서 심리학자 브루스 알렉산더 박사는 실험용 쥐로 헤로인에 중독되기 쉬운 환경을 알아냈다. 혼자 있는 실험용 쥐는 헤로인이 든 물을 갈구하고 결국 중독에 이르지만, 다른 쥐들과 함께 있는 즐거운 쥐는 헤로인에 중독되지 않았다는 연구 결과를 발표했다. 모두가 중독되는 것이 아니라 소통이 단절되고 외로운 쥐만 중독이 된다는 것이다.

이는 우리 아이들에게도 적용이 된다. 헤로인 중독과 스마트폰 중독에는 일부 비슷한 면이 있다는 것이다. 평소 가족과 보내는 시간이 많고 깊이 공감해줄 대상이 있는 아이는, 혼자 있는 시간이 많거나 같이 있어도 자신의 성향에 대해 깊이 공감받지 못하는 아이에 비해 상대적으로 중독이라 보일만 한 증상이 덜하다.

스마트폰에 중독된 아이들을 볼 때마다 어른들은 스마트폰을 **빼앗는** 방법을 먼저 생각한다. 왜 중독되었는지에 대한 고찰은 적다. 어쩌면 아이들이 스마트폰에 중독되어가는 것은 현상일 뿐일지도 모른다.

실제 문제는 정서 공감의 결여에서 시작됐을 것이다. 겉으로는 풍요로워 보이지만 속으로는 마음이 텅 빈 아이들이 깊은 공감과 소통을 느끼기 위해 스마트폰을 사용한다면 중독까지 이르는 데 시간이 오래 걸리지 않는다.

반면에 똑같은 시간 동안 스마트폰을 사용해도 가족들로부터 깊은 이해와 공감이 있는 환경에서 자라고 있다면, 그래서 부모님을 포함해 가족과 친척, 친구들과 소통을 하고 있다면, 아이들은 같은 시간 스마트폰을 사용하더라도 상대적으로 중독성의 정도가 덜할 것이다.

시간을 거슬러, 놀이터에만 가도 친구들이 넘치던 시대에 스마트폰이 있었다면 어땠을까? 그때도 과연 스마트폰이 아이들을 장악했을까?

나는 그렇게 생각하지 않는다. 아들이 스마트폰에 서서히 중독되어가고 있다면, 어떻게 하면 스마트폰을 사용하지 않게 만들까를 고민하기 전에 결여된 소통과 교감의 구멍을 메울 방법을 고민해야 한다. 이것은 단순히 같이 시간을 보내는 것만으로는 해갈되지 않는다.

뛰어놀아야 하는 아들에게 10시간의 인형 놀이는 도움이 되지 않는다. 뛰어놀아야 하는 아들에게는 부모님이 같이 뛰어주는 1시간이 해답이다. 만약 자동차에 관심이 많은 아들이라면 그 무엇보다 같이 자동차를 탐구하는 시간을 만들어야 한다.

그렇기 때문에 아이가 어떤 주제와 놀이로 욕구를 해갈할 수 있는지 부모가 유심히 관찰하고 명확하게 아는 것이 중요하다.

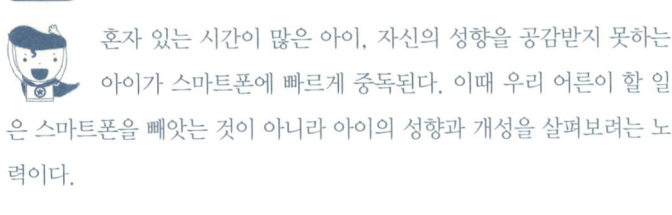

아들상자

혼자 있는 시간이 많은 아이, 자신의 성향을 공감받지 못하는 아이가 스마트폰에 빠르게 중독된다. 이때 우리 어른이 할 일은 스마트폰을 빼앗는 것이 아니라 아이의 성향과 개성을 살펴보려는 노력이다.

아들이 엄마 말에
귀 기울이지 않는 것 같아요

남자아이와 여자아이는 말을 하고 쓰는 것 외에 다른 사람의 말을 듣는 능력에서도 차이를 보인다.

남자아이들을 보면 마음이 짠할 때가 있다. 그런 순간은 자주 찾아온다. 잘하고 싶고 인정받고 싶은데 마음 같이 잘 되지 않을 때, 그래서 시무룩한 모습을 보일 때 나는 그런 마음이 든다. 심지어 학교에서는 동급생 여자아이들에게 밀리기 일쑤다. 한두 살 차이 나는 여동생에게도 간간히 밀릴 때가 있다. 태초에 가지고 태어난 성향은 에너지가 넘치는 호랑이이지만, 영리하고 재빠른 토끼를 원하는 사회에서 아기 호랑이는 설 자리를 잃는다.

엄마로부터 인정받고 선생님에게 인정받기 위해 자신이 원래 가지고 있는 성향을 누르고 틀에 스스로를 욱여넣느라 남자아이들은 나름대로 어렸을 때부터 고생이 많다.

센터에서 남자 교사가 남자아이에게만 미술을 가르치는 프로젝트를 진행하는 이유 중 하나는 아들의 마음을 읽어줄 어른이 점점 부족해져가기 때문이다. 초등학교 교사의 남녀 비율에서 여자 교사는 90퍼센트에 육박한다. 유아 교육에서는 여성이 97퍼센트를 점유했다. 집에서도 주 양육자는 엄마다. 이렇게 남자아이가 만날 수 있는 어른은 절대적으로 여성의 비중이 높다. 아이가 보고 배울 남자 어른을 만날 시간은 점점 줄어든다. 딸로 태어난 엄마가 아들의 본성을 이해하지 못하고 갈등이 생기는 순간에, 조율자가 되어줄 어른 남자의 부재는 아이에게 큰 영향을 준다.

세상 대부분의 아들은 엄마에게서 오해를 많이 산다. 엎친 데 덮친 격으로, 그걸 설명하고 풀어내는 능력은 현저히 부족하다. 남자아이 중에도 말이 많은 아이는 있다. 하지만 그 아이가 하는 말을 가만히 들어보면 죄다 터닝메카드 이야기처럼 자기 관심사에서 수다스러울 뿐이다. 안타깝게도 이런 점은 아빠에게서도 발견된다. 아들의 마음을 엄마가 알아들을 수 있게 통역해주는 능력이 부족하다.

"원래 애들은 다 그렇게 커!"

아들을 변호할 때 아빠가 할 수 있는 최선의 말이다. 하지만 엄마가 듣기에는 충분하지 않다. 엄마의 입장에서는 그저 아이에게 무심하고 육아를 귀찮아하는 것으로 보일 뿐이다.

언젠가 센터에 아들맘 몇 분이 자리를 했다. 아이들의 수업이 끝날 때까지 기다리는 어머니들끼리 모여 앉으면서 대화가 시작됐다. 한 어머니가 이런 말을 하니까 모두가 웃으며 맞장구를 쳤다.

"우리 아들은요, 꼭 나한테 혼나려고 태어난 것 같아요."

"우리 애도 그래요!"

"어머, 우리집도 그래요. 우리집은 남편도 그래."

엄마가 알 수 없는, 아들이라는 존재가 태어날 때부터 갖고 있는 여러 성향 중 하나는 이것이다. 귀가 잘 안 들린다는 것. 아들이 딸에 비해 청력이 떨어진다는 게 아니다. 누군가의 말을 귀담아듣는 능력이 떨어진다는 것이다. 연구 자료와 실험 자료를 보기 전까지는 나도 정말 그럴까 싶었지만 이건 정말이다.

남자아이와 여자아이는 말하고 쓰는 것 외에 타인의 말을 듣는 능력에서도 차이를 보인다. 한마디로 아들은 사람의 소리를 잘 못 듣는다. 엄마가 하지 말라고 그렇게 소리를 쳐도 보란 듯이 엄마를 무시해서 오늘도 속이 상했다면, 설거지 하던 손을 멈추고 아이 얼굴을 붙들고 눈을 마주치고 다시 한 번 지시하자. 눈을 마주치고 아이에게 질문하면 오해가 없다. 어쩌면 아들은 이제야 들린다는 표정으로 천진난만하게 대답할지도 모른다.

이런 일은 교실에서도 일어난다. 가끔 선생님 말에 집중하지 못하고 산만해서 문제가 된다고 보고되는 남자아이들 중에, 어떤 친구들은 자리를 선생님 옆으로 옮겨주기만 해도 문제가 해결된다. 이렇게 간단한 방법으로 해결되는 경우는 아주 많다.

물론 에너지가 넘치는 아이 모두가 청각 문제 때문에만 그런 것은 아니다. 때문에 위의 해결책이 절대적일 수는 없다. 하지만 ADHD 판정을 받을 위기에 처한 아이가 교실 앞자리로 자리를 옮기고 증세가 완화되었다는 소식과 보고에는 우리가 주목해볼 만하다.

아들을 키운다면 원래 남자아이가 여자아이에 비해 청각 주의 집중력이 낮다는 사실을 꼭 기억하자. 이 사실을 알고 있는 것만으로도 엄마의 끓어오르던 마음은 절반쯤 풀릴 것이다. 엄마 말에 대꾸도 없이 장난에만 몰두하던 아들을 바라볼 때의 그 분노도 조금씩 줄어들 것이다. 만약 아들의 이러한 특성을 모른 채로, 작은 오해가 쌓여 아이의 가능성을 누르기라도 한다면 얼마나 가슴 아픈 일이 생겨날까.

그런데 집에는 아들뿐만이 아니라, 귀가 잘 안 들리는 사람이 한 명 더 있다. 아들의 참원조, 일명 큰아들. 바로 아들맘의 남편이다. 이분 역시 귀가 안 들린다는 제보를 많이 받는다. 혹시 남편이 집에서 TV로 야구를 보면서 볼륨을 과도하게 높이고 있지는 않은가? 이것은 아내를 열받게 하려는 의도가 아니다. 진심으로 사람의 소리가 잘 안 들리기 때문이다. 아들맘은 이 두 남자의 특성을 공통으로 묶어 이해해두면, 일상에서 마음이 한결 부드러워질 것이다.

옛날 기억을 들춰보자. 아이가 태어난 지 얼마 되지 않았을 때, 엄마는 몇 시간마다 한 번씩 잠에서 깨야 했을 것이다. 그런데 그럴 때마다 늘 먼저 눈을 뜨거나 유일하게 눈을 뜨고 있는 사람은 엄마다. 자다가 눈도 제대로 뜨지 못하는 상태에서 정신없이 아이를 토닥이며 다시 재우다보면 옆에서 코까지 골아가며 꿈나라로 가버린 남편이 미웠겠지만, 그는 원래 그렇게 설계되어 있다. 굳이 이해할 부분이 아니다. 그냥 수용하고 측은하게 생각하자. 이제 그를 용서하자.

이러한 아들의 성향을 인정해두면 훗날 학교에서 아들이 특별히 집중하지 못한다는 이야기를 들었을 때, 당황하지 않고 선생님께 아이를 조금만 앞자리에 앉혀달라는 부탁이라도 할 수 있을 것이다. 실제로 이 방법은 효과가 있다.

정확하게 말하자면 남자들이 '소리'를 못 듣는 것이 아니다. '사람의 소리'를 못 듣는 것이다. 남자들은 아기 울음소리는 못 들어도 자기 자동차 경보음은 기가 막히게 알아듣는다. 심지어 옆집 자동차 경보음과 내 자동차 경보음의 차이가 무엇인지 알아차리는 것이 남자다.

이렇게 남자와 여자는 다른 존재다. 문제는 늘 상대방이 나와 같을 것이라 착각하는 데서 시작된다는 것을 기억하자.

아들상자

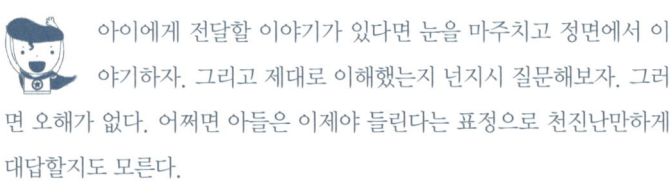

아이에게 전달할 이야기가 있다면 눈을 마주치고 정면에서 이야기하자. 그리고 제대로 이해했는지 넌지시 질문해보자. 그러면 오해가 없다. 어쩌면 아들은 이제야 들린다는 표정으로 천진난만하게 대답할지도 모른다.

잘못한 건 아들인데
혼을 내면 너무 서럽게 울어요

하고 싶은 말은 많은데 어떻게 말해야 좋을지 몰라 눈물이 난 경험을 떠올려보자.

평균적으로 남자아이는 여자아이에 비해 언어 지능이 1.5세 가량 떨어진다. 다섯 살이 된 아들은 옆집에 사는 3.5세 딸과 언어 지능이 같다는 뜻이다. 그러다 보니 아들은 억울할 때가 종종 있다.

아이들은 다 미성숙해서 아무 때나 억울하다고 느끼기도 하지만 현장에서 보면 말썽꾸러기 아들이 특히 더 깊은 억울함을 느낀다. 자기가 먼저 괴롭혀놓고 선생님이 말리면 눈물을 뚝뚝 흘리며 억울함을 호소한다. 남자아이와 여자아이가 사건에 함께 휘말렸을 때 억울해하는 쪽은 보통 남자아이다. 도대체 자기가 잘못해놓고 뭐가 그렇게 억울한 것일까?

억울함을 호소하는 남자아이는 보통 엄마, 친구, 선생님 등 누구든 상관없이 상대방의 의도를 파악하지 못한다. 자신이 왜 억울한지 차분하게 설명하는 능력도 부족하다. 이 두 가지가 아이들의 공통점이다. 억울한 것이 많아서 말을 잘 못하는 것인지, 말을 잘 못해서 억울한 일이 많은지는 단번에 알아채기 어렵다.

현장에서 지켜본 바, 언어 영역이 느린 아이가 보통 아이보다 억울함을 더 자주 느낀다. 이런 아이들의 고충을 교사가 단번에 알아차리고 해결해줄 수 있다면 더없이 좋은 환경이 만들어지겠지만, 아이 경험이 많은 교사도 표현력이 다소 부족한 아이를 파악하는 데는 어려움을 겪는다. 아이에게서 직접 얻을 수 있는 정보가 적기 때문이다. 이 정보는 아이의 수다스러움의 정도와는 거리가 멀다. 말이 많은 남자아이조차 자기 자신의 감정과 생각을 전달하는 일은 드물기 때문이다.

예를 들어 딸은 문을 열고 집에 가방을 내려놓으면서부터 자기 이야기를 조곤조곤 시작하지만, 아들은 집에 들어오면서 숙제를 포함한 모든 것을 잊어버린다. 딸 키우는 엄마는 굳이 학교에 찾아가지 않아도 학교 돌아가는 일을 대충 알아차릴 정도로 아이를 통해 정보를 얻는데, 아들맘은 그러기가 여간 어렵다. 엄마의 긴 질문에 "몰라!" "아니." "좋았어!" 두세 글자 정도로만 대답하기 때문이다. 결국 엄마의 궁금증은 엄마들끼리의 커뮤니티나 같은 반 여자아이의 엄마를 통해 전해 듣게 된다.

그래서 종종 아들맘들과 상담하다보면 아이가 학교생활에서 겪는 문제가 무엇인지 엄마가 전혀 감지하지 못하고 있다는 사실을 알게 되는 경우가 있다. 하지만 이건 엄마의 문제가 아니다. 어떻게 자신이 겪는 문제를 표현해야 할지 잘 모르는 아들이 어려움을 겪고 있다고 보는 것이 좀 더 적합하다.

그래서 나는 아들맘이 처음으로 아이를 학교에 보냈을 때, 꼭 해야 할 일로 다음과 같은 일을 추천한다. 선생님과 교류하는 것도 중요하지만 똘똘한 딸아이를 키우는 엄마와 네트워크를 구축할 것. 만일 아들이 학교에서 돌아왔는데 숙제가 없다고 한다거나 준비물이 없다고 말한다면 웃는 얼굴로 늘 전화해서 확인하자. 아들의 가방 검사는 필수다. 평소에 가방을 확인하지 않는다면 어느 날 철이 한참 지나 닳고 구겨진 가정통신문이 나와 엄마 마음을 철렁하게 만들 수도 있다.

그러나 그보다 근본적인 해결책은 아이의 성향과 잘 맞는 표현력을 길러주는 일이라고 생각한다. 이렇게 해보자. 일주

일에 한 번은 아이 이야기를 들어주는 경청의 시간을 갖는 것이다. 그 시간이 30분이어도 좋고 2시간이어도 좋다. 아이가 집에서 하고 싶었던 말을 끝까지 하게 하자.

특히 아이와의 소통이 평소 부족한 집이라면, 이런 시간들이 아이에겐 가뭄의 단비 같이 느껴질 것이다. 만일 시간을 주어도 아이가 말로 표현하지 않고 있다면, 큰 종이에 함께 낙서를 하거나 신체를 움직이는 놀이를 함께해도 좋다.

엄마가 이런 시간을 아이와 함께 만들어가며 염두에 두어야 할 점은, 아이가 그만하겠다고 할 때까지 충분한 시간을 주는 것이다. 아이는 이러한 시간을 통해 자신을 믿고 이해해주는 어른이 있다고 느낀다. 나아가 이를 통해 자신이 하나의 인격체로 인정받는다고 느낀다. 잊지 말자. 언어가 느리다고 생각과 욕구까지 느린 것은 아니다.

아들상자

듣는 집중력이 약하고 언어 발달 정도도 여자 아이에 비해 느린 아들은, 상황을 설명하거나 마음을 전달하는 것도 미숙하다. 그러니 답답한 상황이 오면 울어버리는 것이다. 세세하게 묻고 퍼즐을 맞추듯 아이의 마음을 알아가는 지혜와 인내가 필요하다.

언어 감각을
키워주고 싶어요

아들의 부족한 면을 채워주고 싶은 엄마의 본능과 엄마 앞에서 잘하는 것만 보여주고 싶은 아들의 본능은 충돌하고 갈등한다.

아들의 언어 능력이 발전하는 속도가 더디다는 것은 이제 충분히 알았다. 그렇다면 그 다음엔 어떻게 가르쳐야 할까? 당연히 책을 전보다 더 많이 읽어주고 의식적으로 대화하는 시간을 더 갖고 잘못된 발음은 때마다 지적해주면 차도가 있지 않을까? 공교롭게도 이런 해결책들은 얻는 것보다 잃는 것이 더 크다고 생각한다.

문제를 당장 해결하려고 아이의 상태를 섣불리 판단하다보면 문제의 겉모습만 보게 되어 본질은 놓치고 편견을 부른다.

엄마는 본능적으로 아들의 부족한 부분을 보면 채워주려 노력하는 존재다. 엄마는 그렇게 설계되어 있다.

하지만 아직 그 속도를 맞추어갈 수 없는 아들은 그런 엄마를 보며 이런 생각을 한다. 엄마는 늘 내가 못 하는 것만 지적하고 있다고. 아들의 부족한 부분을 채워주고 싶은 엄마의 본능과 엄마 앞에서 잘하는 것만 보여주고 싶은 아들의 본능은 충돌하고 갈등한다. 교실에서도 마찬가지다. 부족한 것을 메워주고 싶은 교사의 조바심과 자신이 가진 것을 온전히 자기 힘으로 표현해보고 싶은 아이의 욕구는 늘 부딪힌다.

그렇다면 어떻게 해야 아들에게는 부담을 주지 않으면서 언어 능력을 발전시킬 수 있을까? 한글을 가르칠 때 교육자에게 필요한 가장 중요한 자질은 한글에 대한 이해가 아니라 한글을 싫어하지 않게 하면서 지속적으로 흥미를 끌 접촉점을 만드는 기술이다.

만일 이 글을 보면서도 계속 '아이에게 한글을 가르치기 위해 무엇을 해야 할까?'를 고민하고 있다면 그 질문을 '한글을 효율적으로 가르치기 위해 무엇을 하지 말아야 할까?'로 바꿔보자. 교실에서 배움에 즐거움을 느끼지 못하는 아이들은 교육의 양이 적어서가 아니라 과해서 부작용이 생긴 경우가 더 많다. 아이는 엄마에게 놀이를 원하는데 엄마는 교육으로 화답한다. 소통이 안 되는데 무엇을 가르쳐봐야 모래 위에 성을 쌓는 일에 불과하다.

교육의 기본은 소통이다. 경직된 눈에 힘을 빼야 한다. 무언가를 가르쳐야겠다는 눈빛 대신 지그시 아이 눈을 바라보며 기다리자. 아이 스스로 무엇을 발달시키고 싶어하는지를 먼저 알아야 한다. 그제야 아이의 목소리가 들리기 시작할 것이다. 글과 말의 형식을 가르치려다 배움을 거부하게 만들지 말자. 글과 말은 결국 자신의 생각을 표현하는 수단이라는 것을 아이가 자연스럽게 몸으로 익힐 수 있게 하자.

우리가 어려서 그랬듯, 아이에게 무언가를 가르치려 들면 아이는 본능적으로 방어하기 바쁘다. 그 모습을 보고 있으면 흡사 매장에서 영업 사원의 설명을 일단 피하고 보는 어른의 모습과도 비슷하다. 이 시대의 영업 사원은 얼마나 피하고 싶은 존재인가? 아이의 입장에서는 자신을 교육시키려고 하는 어른이 딱 그렇다. 자신의 발달량을 넘어서는 교육은 부담스럽기 때문에 피하고 싶기만 하다.

아들의 언어를 주관하는 뇌는 딸보다 느리게 여물어간다. 아직 다 여물지도 않은 밤송이를 억지로 건드리고 먹으려고 들면 알차고 맛있는 밤을 얻을 수 없다.

우리가 아들을 가르치기 전 꼭 점검해야 할 것은 '내 아이의 뇌가 무언가를 받아들일 만큼 잘 익었는가'다. 단지 평균 그래프를 기준으로 '보통 6세 때 언어는 떼야 하는구나' 하고 조바심을 낼 일이 아니다. 우리가 성인이 되어서도 삶이 저마다의 모습으로 성장하는 것처럼, 사회적 기준과 통념을 때로 불편해하는 것처럼, 아이들의 삶도 그렇다는 점을 명심하자.

남자아이를 효율적으로 잘 가르치려면 조바심을 거두고 잘 지켜보고 있다가 한글에 대한 관심을 보일 때 주욱 당겨주는 대물 낚시꾼 같은 기다림이 필요하다. 방임, 방치하라는 것이 아니다. 너른 목장에 널럴한 울타리를 쳐두고 그 안에서 아이의 움직임을 잘 관찰하는 것이 엄마가 할 첫 번째 일이라는 뜻이다. 그렇게 신호가 오길 기다리는 것이다. 강하게 믿어야 한다. 배움을 싫어하는 아이는 없다고.

나는 하루에도 몇 번씩 학습 콤플렉스가 형성된 아이들을 맞이한다. 그중에서도 미술 콤플렉스가 있는 남자아이들을 주로 만난다. 이런 아이에게는 좋아하는 내용을 지속적으로 접하는 일이 먼저 이뤄져야 한다. 내가 당장 필요로 하는 내용과 잘 맞는 방식으로 학습의 시작을 열어야 한다. 그 작업이 선행되지 않으면 어른들이 아이에게 어떤 좋은 내용을 알려주어도 모래 위의 성이 될 뿐이다. 아이가 그림을 잘 그리게 되더라도, 그것은 선생님의 조언과 노력으로 겨우 이뤄진 기술적인 모습일 뿐, 여전히 흰색 종이가 두려운 아이로 지낼 수밖에 없다.

가장 중요한 것은, 아이가 배우는 과정을 싫어하지 않게 만드는 것이다. 그러기 위해서 가장 필요한 정보는 아이의 관심사다. 어떤 방식으로 배우는 아이인지를 아는 것도 중요하다.

"어머니, 그림을 잘 그린다고 만들기도 당연히 잘할 수 있는 건 아니예요. 아이들마다 성향과 관심사가 달라서요. 좀 더 지켜보아주세요."

미술이라는 영역은 상당히 넓다. 그래서 아이에 따라 미술의 영역도 달라진다. 말을 가르칠 때도 마찬가지다. 배워가는 성향이 어떠한지를 살피고, 어떤 부분에 몰입하는지를 파악해야 한다. 그 다음부터는 꾸준히 시키면 된다. 가령 공룡을 좋아하는 아이에게 처음부터 가지, 사과 같은 낱말을 가르치려고 하면 아이는 받아들이지 못한다. 티라노사우루스부터 가르치는 게 훨씬 더 효과적일 것이다.

아이들은 우리가 어찌할 수 없는 거대한 자연의 일부가 아닐까 하는 생각이 든다. 우리가 가진 지식을 전달해줄수는 있어도 생각까지 심어줄수는 없기 때문이다.

많은 교사와 아들맘이 만든 교육 이론에 빠져 정작 눈앞의 아이를 바라보지 못하는 우를 범하곤 한다. 만일 지금 아이가 뜻대로 되지 않는다면 아이의 성향을 관찰했던 시간이 충분했는지 돌아볼 때다.

아들상자

아이들의 발달 정도를 나타내는 평균 그래프가 아이 인생의 해답이 될 수 없다. 성향과 관심사에 맞는 교육이 필요하다.

우리 아이가
무채색으로만 그림을 그려요

검은색으로 그림을 그리는 사람은 우울증이 있다는 속설 때문에 어떤 아들맘은 아들의 시커먼 그림을 보며 걱정이 태산이다.

"선생님, 아이가 그림을 그렸는데 그림에 검은색 비가 내려요. 이거 분명 문제 있는 거죠?"

정보 과잉 시대답게 우리는 아이가 그린 그림에서 아동의 심리를 알 수 있다는 상식을 갖고 있다. 하지만 이것은 오해다. 특히 검은색을 쓰는 남자아이를 향한 오해에 대해 이야기해보고 싶다.

검은색은 정서의 우울함을 드러내는 색이라는 잘못된 상식으로 인해 아이가 검은색으로만 그림을 그리면 엄마는 우울해진다. 우리 아이 정서에 문제가 있나? 하고 걱정한다. 놀랍게도 남자아이가 검은색을 쓰는 가장 큰 이유는 망막 때문이다. 남자아이와 여자아이는 망막 구조 자체부터 다르다. 남자아이 망막은 두껍고 대신경 세포에 준하는 세포들로 이루어져 있다. 여자아이 망막은 조금 더 얇고 소신경 세포에 준하는 세포들로 이루어져 있다.

한마디로 남자아이가 검은색을 좋아하는 것은 지극히 정상적인 현상이다. 남자아이는 선천적으로 무채색에 민감한 눈을 갖고 태어난다. 여자아이는 태어나면서부터 따뜻한 파스텔 톤에 민감하다. 오히려 아이들이 당연히 따뜻한 색을 사용하고 다양한 색감을 사용해야 정서가 안정된 것이라는 관념이 잘못됐다.

이런 관념을 기반으로 만들어진 교육은 아들에게서 칠하는 일에 대한 흥미 자체를 빼앗아간다. 고정관념이 얼마나 무서운지 모른다.

"자, 이제 색칠해보자"라고 하면 기함을 떠는 남자아이들이 "페인트칠 해보자"라고 하면 행위 예술가라도 된 듯 숨소리만 쌕쌕 내면서 몰입한다. 그럴 때 남자아이들이 선택하는 색깔은 보통 눈 앞에 있는 색이다. 아들맘은 그런 풍경 앞에서 좌절하고 집에서 어떻게 내 아이를 고쳐놔야 할지를 궁리하지만, 센터에서 선생님들은 그런 풍경이 흐뭇하다. 아주 정상적이기 때문이다. 남자아이로, 아들로 살아본 선생님들 역시 그렇게 지내왔다.

강조하건대, 정서가 안정되어 있는 정상적인 아이가 미술시간에 알록달록한 다양한 색깔을 고른다는 말은 어른들의 착각이다. 앞서 이야기한 것처럼 여자아이와 남자아이는 망막 구조에 의한 세포 분포에 차이가 있다. 생물학적으로 그렇게 설계가 되어 있다. 그래서 무조건 알록달록한 색감으로 아동의 정서를 확인하려 든다면, 이는 남자아이의 신체 구조를 무시한 경우라고 볼 수 있다.

그러다 보니 모처럼 큰맘 먹고 시작한 미술 놀이 시간에 아들이 똥색으로 칠을 해대서 엄마가 기함을 하는 사건이 종종 벌어진다. 분명 블로그나 육아 책에서 보면 아이들은 특유의 순수함과 풍성한 색감이 있어 물감만 주어지면 잭슨 폴록처럼 행위 예술을 할 것 같다. 하지만 대부분 남자아이는 물감을 주는 족족 다 섞어버린다. 우리가 보기엔 분명 똥색인데 아들은 잔뜩 들떠서 이렇게 말한다.

"엄마, 다섯 가지 색이 섞인 무적의 색이 나왔어!"

엄마는 이해할 수 없는 그 색에 대고 흥분을 숨기지 않는 존재가 바로 아들이다. 정서가 엉망이라 검은색과 무채색을 즐겨 쓰는 것이 아니라 남자아이는 원래 무채색에 민감하게 태어나는 것이다. 그러므로 검은색을 이용해 비를 그리거나 그림을 그린 남자아이들에게 문제가 있다고 이야기할 수 없다.

외부에서 강의를 하다보면 이런 질문도 들어온다.

"선생님, 우리 아들은 검은색이 아니라 빨간색을 좋아하는데 어찌된 일이죠? 빨간색이 무채색은 아니잖아요?"

맞다. 빨간색은 무채색이 아니다. 내가 조사한 결과 남자아이가 빨간색을 좋아하는 이유는 무적파워레인저 1호가 빨간색이기 때문이다. 보통의 남자아이가 빨간색을 좋아한다고 하면, 색깔에 대한 감각이 풍부해서라기 보다는, 논리적으로 해석하고 좋아하게 된 경우가 많다. 색감이 풍성한 남자아이들도 자세히 보면 크레파스 1번부터 순서대로 색을 칠하고 있는 경우가 많다. 이렇게 아이들은 늘 우리 상상을 넘어선다.

그렇다고 남자아이가 검은색이나 무채색에 민감하다는 말 또한 맹신해선 안 된다. 아이를 한 가지로 정의내리는 일은 늘 위험하다.

"우리 아들은 핑크색을 좋아하는데, 이건 문제 있는 건가요?"

물론 대답은 "그렇지 않습니다"이다. 대부분의 남자아이가 검은색을 즐겨 쓰고 있기 때문에 걱정하지 말자는 의미이다.

단순히 색깔 몇 가지를 골랐다고 해서 이를 두고 정상과 비정상으로 아이를 분류하지 말자. 핑크색을 좋아하는 남자아이는 충분히 많다. 그리고 그 아이들 숫자만큼이나 핑크색을 좋아하는 이유도 다양하다.

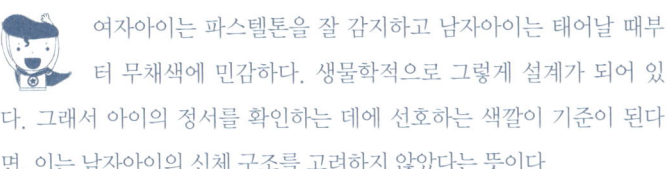

여자아이는 파스텔톤을 잘 감지하고 남자아이는 태어날 때부터 무채색에 민감하다. 생물학적으로 그렇게 설계가 되어 있다. 그래서 아이의 정서를 확인하는 데에 선호하는 색깔이 기준이 된다면, 이는 남자아이의 신체 구조를 고려하지 않았다는 뜻이다.

아이가 너무 내향적이라서
속상해요

한 가지가 부족하면 반드시 한 가지가 발달하는 게 아이들이다.

세상에는 공감 능력이 높은 아이, 자기주도 성향이 높은 아이, 에너지가 넘치는 아이, 내향적인 아이 등이 있다. 이번엔 내향적인 아이에 대해 이야기하려고 한다. 내향성은 좋은 성향일까? 나쁜 성향일까?

한국에서는 이상하게 내향성을 학교에서 발표하는 능력이 부족할 때 쓰는 말로 직결시켜놓는다. 그래서 내향성이라는 말 자체를 부정적으로 인식하고 있다. 그러다 보니 성향이라기보단 단점으로 분류된다. 이때 어른들이 놓치는 사실이 하나 있다. 내향적인 아이에게는 꼼꼼하고 진중하게 사물을 바라보는 능력이 있다. 한 가지가 부족하면 반드시 한 가지가 발달하는 게 아이들이다.

어떤 이의 시각으로는 에너지가 넘치는 것도 단점이 될 수 있다. 산만하고 너무 활발한 아이를 예로 들어보자. 진득하게 한자리에 오래 있지 못하는 성향을 고쳐줘야 한다고 생각할 수도 있다. 하지만 나는 이런 아이들은 배우고 싶고 알고 싶고 탐구하고 싶은 게 너무 많아서 그렇다고 믿는다. 다만 탐구하고자 하는 영역이 왕성히 넓어, 한 가지만 집중하는 데에 어려움을 겪는 것처럼 보일 뿐이다.

한번은 주변에서 산만하다는 지적을 종종 듣고 한 가지에 진득하게 집중을 못한다는 평가를 받은 아이와 엄마가 나를 찾아왔다. 어머니는 아이 걱정이 이만저만이 아니었다.

하지만 아이를 자세히 관찰해보니 집중력이 약한 것이 아니라 오히려 집중력이 아주 강한 아이었다. 아이가 그림을 그리다 딴청을 피우는 패턴에서도 그런 성향이 역력하게 드러났다. 그림을 조금 열심히 그리다가 연필을 바닥에 떨어뜨렸는데, 그걸 주우려고 허릴 굽혔다가 바닥에 그려진 무늬를 보고 거기에 빠져버렸기 때문이다. 그러다 예쁜 벽지 모양으로 시선이 옮겨갔다. 아이는 입을 벌린 채로 천장까지 시선을 옮겼다.

센터에서는 이런 아이들을 집중력이 없는 아이가 아니라, 순간적인 집중력이 강한 아이라고 부른다. 그래서 내가 상담할 때 어머니들에게 전달하고자 하는 것은, 단순히 아이의 상태를 좋은 쪽과 나쁜 쪽으로 구분하는 게 중요하지 않다는 사실이다. 좀 더 넓은 품으로 아이를 바라보고, 아이의 성향을 긍정적으로 키워주는 방법을 모두가 고민해야 한다.

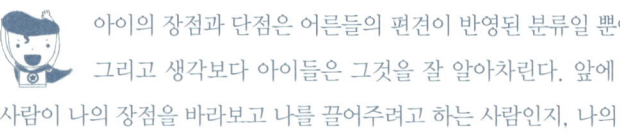

아이의 장점과 단점은 어른들의 편견이 반영된 분류일 뿐이다. 그리고 생각보다 아이들은 그것을 잘 알아차린다. 앞에 있는 사람이 나의 장점을 바라보고 나를 끌어주려고 하는 사람인지, 나의 단점을 바라보고 나를 고쳐주려고 하는 사람인지 정확하게 느낀다.

폭력적인 성향이 있어서 걱정돼요

아들이 갖고 태어난 고유한 성향은 시기의 차이가 있을 뿐 결국 드러나게 된다. 바꿀 수 없는 것을 바꾸려고 생각하고 있다면 첫 단추를 잘못 꿴 것이다.

"선생님. 우리 엄마는 내가 레고 성 부수는 놀이하면 나한테 막 화내요. 왜 그러는지 모르겠어요."

초등학교 1학년이 된 지 얼마 안 된 서준이가 같이 실컷 그림을 그리다 뾰루퉁한 얼굴로 불만을 말했다. 서준이의 표정을 보니 마음이 이해되지만, 나는 서준이 엄마 마음이 십분 이해가 간다. 공격적인 놀이를 즐기는 아이 모습을 바라보면 혹시라도 이 모습이 아이 성향이 될까봐 슬그머니 걱정이 드는 것이다. 특히 아이가 그린 폭력적인 그림을 지켜보고 있노라면

20년 뒤 폭력적이고 뒤틀린 이십 대 후반 청년 모습이 겹쳐 보이면서 잔소리의 욕구가 올라온다.

사실 남자아이의 공격성에는 이유가 있다. 태아가 성별이 결정되는 시기에 남자아이는 뇌가 테스토스테론이라는 호르몬으로 샤워를 하게 되는데 이 호르몬에는 공격적인 성향이 내재되어 있다. 때문에 생물학적으로 공격성을 가지고 있고 이기는 것에 끌리게 태어난다.

예전에 한 초등학교에서 이뤄진 연구에 의하면, 아이들의 공격적인 성향을 억제하기 위해 피구 시합을 전면 금지한 적이 있었는데 학교 폭력 수치는 전혀 변하지 않았다. 아이의 공격적인 성향은 바꿀 대상이 아니라 어른이 수용해야 할 대상이라는 사실을 확인하게 되는 대목이다.

세상에는 사람의 힘으로 어쩔 수 없는 것이 몇 가지 있다. 그중 하나가 자연의 힘이다. 아무리 우리가 발버둥치고 막으려 해도 아들이 갖고 태어난 고유한 성향들은 시기의 차이가 있을 뿐 결국 드러나게 된다. 바꿀 수 없는 것을 바꾸려고 생각하고 있다면 시간이 갈수록 스트레스만 늘게 될 것이다. 누군가를 공격하는 놀이를 가만히 두라는 소리는 아니다. 옳은 방향으로 해소하고 다스리게 도와주자는 것이다.

한번은 아이가 학교에서 사고를 쳤다며 나와 꼭 상담을 원한다는 어느 중학교 1학년 어머니의 연락이 있었다. 규칙상 6학년까지만 상담을 해서 거절하려 했으나 어머님이 수화기 너머로 흐느끼는 바람에 약속을 잡았다.

일주일 후, 아이가 앉아 있는 교실에 들어가니 인사는커녕 나를 쳐다보지도 않았다. 무시무시한 중2병이다. 이럴 땐 웃으면서 친절히 인사를 건네봐야 대답이 없다. 어른에 대한 불신이 온몸에서 뿜어져 나왔다. 어머님께 미리 전후 사정을 들어보니, 아이가 학교 폭력 사건에 연루되었는데 전혀 잘못했다고 느끼지 않는 데다 오히려 자랑스럽게 생각하고 있다고 했다. 선생님은커녕 아빠가 말해도 입을 열지 않고 되려 화만 낸다며 속상한 마음을 드러냈다. 착한 아들이었는데 왜 이렇게 변했는지 딱 돌아버리기 직전이라며 울먹이는 어머님을 뒤로한 채 교실로 들어가 아이와 대화를 시작했다.

"너 싸움 잘해?"

이 한마디는 확실히 아이의 관심을 끌었다. 아이는 나를 힐끗 보더니만 자신의 무용담을 격하게 늘어놓기 시작했다. 나는 아이를 바른길로 인도할 생각은 다 내려놓고 복싱과 이종격투기, 격투 기술에 대한 이야기를 한참 이어나갔다. 그러다가 내가 유도 기술을 알려주겠다고 하자 당장 알려달라며 바닥에 눕는 시늉까지 했다. 내가 자신과 대화가 통하는 사람이라는 공감대가 형성된 것이다.

아이가 갖고 있는 공격적인 성향의 놀이에 대한 이야기를 충분히 쏟아내고서야 솔직한 이야기를 들을 수 있었다. 사정을 들어보니 다른 학교 친구가 먼저 반 친구를 괴롭혀서 도와주다 사건이 커진 것이었다. 왜 어른들에게 이야기를 하지 않았느냐고 물어보니 말해봐야 아무도 이해해주지 않을 텐데 뭐하러 이야기를 하냐는 말을 퉁명스레 남겼다.

한참 아이와 대화를 나눈 후에 같이 나무를 톱으로 자르고 망치로 두드리자고 제안했다. 아이는 흔쾌히 참여했다. 공격적인 놀이 외에도 공간 지각 능력이 좋은 아이였다. 앞으로도 화가 날 때면 나무를 자르고 못질을 해보라는 조언을 해주고는 상담을 마쳤다.

아이가 살고 있는 세상 속으로 깊이 들어가보자. 아이에게 변화를 끌어내고 싶다고 외치면서 아이가 살고 있는 세상에는 관심도 없다면 아이는 언제나 외로울 것이다.

아들상자

세상 모든 아들에게는 공격적인 성향이 있다. 이것은 수컷의 본능이다. 하지만 그게 전부는 아니다. 때때로 우리는 아이가 차마 말하지 못한 세상이 있다는 것을 떠올리며, 아이의 이야기에 귀기울여줘야 한다.

아이가 공격적인 놀이만 재미있어해요

화내고 욱하는 엄마 때문에 아들이 엄마가 보지 않는 데서만 공격적인 성향을 보인다면 먼 미래에는 어떻게 될까?

"제발 그만 좀 해!"

아이의 공격적인 놀이가 싫어 소리를 빽 질러도 아이의 공격적인 성향은 사라지지 않는다. 물론 엄마가 이런 걸 싫어하는구나 하는 생각을 심어줄 수 있고 일시적으로 공격적인 놀이를 하지 않게 할 수는 있다. 그러나 아이 성향이 바뀌지는 않는다.

"더 이상 뭘 어떻게 말해야 말을 들어! 나보고 어쩌라고! 말 좀 들어라 제발!"

부끄럽지만 어른스럽지 못한 마음이 입 밖으로 삐져나올 때가 있다. 육아라는 이름 아래 나와 다른 존재를 이해하느라 얼마나 힘들까? 하지만 어떤 순간에도 저런 표현을 지양해야 한다. 우리가 어른이기 때문이다. 그럴 때 가끔 엄마들이 육아 서적을 보며 불만을 토로하는 것도 잘 알고 있다.

"말이 쉽지. 그게 되나요!?"

"당신은 지금 그렇게 키우고 있나요?"

전문가들이랍시고 하는 말들을 계속 듣다보면 엄마를 너무 다그치는 것 같은 마음에 이런 볼멘소리가 목젖까지 올라온다. 장담하지만 육아 서적을 쓰는 전문가들 역시 완벽하게 해내지는 못할 것이다. 적어도 내가 아는 몇몇 전문가는 아이를 칭찬하는 방법에 관한 칼럼을 실컷 쓰고 돌아서서는 자녀에게 소리를 빽 지르기도 하는 지극히 인간적인 사람들이다. 그럼에도 불구하고 이런 글을 쓰는 이유는 우리가 무너지면 우리 몫을 아이들이 감당해야 하기 때문이다.

조금 힘들어도 한 번 더 참고 공격적인 놀이를 즐기는 아이의 입장을 헤아려보자. 아이는 지금 나쁜 행동이라고 인식하지 못한다. 오로지 배꼽 아래에서 올라오는 본능에 의해 누군가를 공격하는 놀이를 하고 있는 것이다. 이때 아이에게 빽 소리를 지른다면 아이는 행동을 수정하기보다 자기 자신의 본능

자체를 거부당하는 좌절감을 느끼게 된다. 먼저 아이를 수용하는 것부터 시작하는 것이 늘 효과적이다.

"오우, 오늘은 무슨 놀이하는 중이야? 악당 물리치고 있는 거야?"

"응! 나 지금 지구에 쳐들어온 외계인들 쳐부수고 있는 거야!"

"아하, 그랬구나. 그런데 아들. 우리를 지켜주는 것은 좋은데 누구를 이렇게 공격하면 안 되는 거야."

그냥 아이를 지적하는 것과 아이를 수용하고 행동만 지적하는 것엔 분명한 차이가 있다. 이건 노하우라고 말하기엔 너무 식상하다고 느낄 수도 있다. 삶의 변화는 식상한 것들이 이루어지면서 생긴다. 남자아이를 이끌어야 하는 모든 어른에게 필요한 것은, 여러 가지 노하우를 찔러보기식으로 사용하는 요령이 아니다. 하나의 신념을 굽히지 않고 10년쯤 일관되게 밀고 나가는 스스로에 대한 믿음이다.

마음을 다스렸다면 아이 욕구를 푸는 것에 도전하자. 아빠와 하는 베개 싸움도 좋고 운동을 배우는 것도 좋다.

그중에서 미술교육전문가인 내가 추천하고 싶은 것은 다소 공격적인 그림을 아이와 함께 그려보라는 것이다. 아이가 좋아하는 무기도 같이 그려보고, 졸라맨이 등장해 무기를 달고

악당을 물리치는 낙서도 그림으로 인정해주자. 아들에게 '엄마가 너의 본능을 인정해'라는 메시지를 암묵적으로 던지자. 아들은 비로소 진짜 이야기를 털어놓을 것이다.

몇몇 남자아이들은 머릿속에 있는 스토리를 빠르게 낙서하듯 그려내는 그림을 자주 그리곤 한다. 여자아이가 명사를 그린다면 남자아이는 동사를 그린다. 이럴 때 간혹 아이를 제지하는 것을 목격하기도 한다. 아이는 머릿속의 스토리를 표현했는데 엄마는 사람의 형태를 잘 그렸는가로 그림을 평가하면 안 된다. 낙서에 가까운 그림이라면, 왜 작년에 비해 그림이 진화하지 않는가 고민하기보다 아이가 표현한 것이 정확히 무엇인가에 집중하자. 그럼 아이에게 해줄 수 있는 피드백이 달라질 것이다.

"우아! 엄청난 이야기가 숨어 있었네!"

아들이 답답하다면 공부하자. 아는 만큼 보인다.

 아들상자

다소 공격적인 그림을 아이와 함께 그려보자. 아이가 좋아하는 무기도 같이 그려보고, 악당을 물리치는 낙서도 그림으로 인정해주자. 아들에게 '엄마가 너의 본능을 인정해'라는 메시지를 보내자. 아들은 그제야 비로소 자기 이야기를 털어놓을 것이다.

지나치게 1등에 집착해요

늘 칭찬을 받거나 자신이 해낸 것 이상으로 기대를 받던 남자아이는 1등이 되지 못한 자신을 받아들이지 못한다.

"아! 엄마! 내가 진 거 아니야! 안 돼! 으앙."

요즘 1등에 목숨 거는 남자아이가 참 많다.

"어휴, 1등 안 해도 된다고 그렇게 말하는데도 굳이 1등 하려고 이러네요. 누가 1등하라고 시킨 것도 아닌데 왜 이렇게 집착하는지 모르겠어요."

아들을 키우다보면 꼭 직면하게 되는 성향이 바로 승부욕이다. 게임을 하다가도 질 것 같으면 룰을 바꿔서라도 이기려고 하고 반칙을 하거나 울면서 승패를 인정하지 않는다. 귀엽던 아들이 이기려고 비겁한 행동을 보이면 속이 상한다. 그래도 집에서는 양보하고 어르고 설득해볼 수 있다. 하지만 유치원이나 학교에 가서 이런 일을 벌이면 분명 친구들에게 미움받을 일이 뻔하다. 이런 생각까지 미치면 마냥 아이 비위 맞춰가며 져줄 수만은 없다. 그렇다고 냉정하게 사회를 알려준다고 이겨버렸다간 아이가 너무 상처받을 것 같다. 어찌해야 할까?

1등에 목숨 거는 남자아이들을 보면, 1등을 못 하는 것을 자기 존재 부정으로 연결짓는 모습을 종종 발견할 수 있다. 이런 아이들을 자세히 관찰해보면 아이가 좇는 것은 단순한 1등이 아니라 엄마의 인정이다. 집착이라고 표현할 정도로 과하게 경쟁해서, 엄마와 주위 사람들 혹은 스스로에게 자신의 존재를 증명하고 싶은 것이다.

이런 아이들은 교실에서 그림을 그리다가 다른 친구들보다 못했다는 생각이 들면 '아이쿠 실수다!' 하면서 종이를 찢어버리거나 숨긴다. 이 아이들은 자신이 못한다는 것을 엄마와 자신의 주변인들이 알까봐 두려워한다.

특히 늘 칭찬을 받거나 지나친 기대를 받았던 남자아이들은 1등이 되지 못한 사실을 받아들이지 못하는 경우가 많다.

"역시 민준이!"

"와우, 똑똑한데?"

과도한 칭찬을 받으면 아이는 스스로를 왜곡되게 인식하기 시작한다. 뿐만 아니라, 패배를 인정할 줄 아는 건강한 마음도 잃고 만다. 그래서 자신의 존재가 외면 당할까봐 불안해지는 것이다.

그럼 어떻게 해야 할까? 믿기지 않겠지만 승부욕 강한 아이에게 "1등 안 해도 괜찮아"라고 말하는 것은 흡사 "너 사랑받지 않아도 돼"와 같은 뜻이 된다. 아이의 본모습을 건강하게 수용하는 것부터 시작하자. 과한 칭찬이나 기대를 줄이고 칭찬하는 포인트를 바꾸는 것이다. 아이가 잘했을 때 "우아! 대단하다. 1등했네?"라는 피드백보다는 아이가 졌을 때 "졌는데도 멋지게 인정하네?"라는 피드백이 좋다.

여기서 아빠가 해줄 역할이 있다. 아이가 자신이 무엇을 잘 못 하는지 알게 해주는 것이다. 이렇게 말을 걸어보자. "아빠는 슈퍼맨처럼 뭐든 잘해"라는 말 대신에 "아빠는 이것을 잘하지만 이걸 못 해. 넌 어떠니?"라고 묻는 것이다. 그러면 아이는 자신을 객관적으로 돌아볼 수 있게 된다. 이 질문은 엄마가 해도 효과가 있지만 아빠나 아이가 남성 롤모델로 생각할만한 사람이 해주는 것이 더 좋다.

나는 남자아이들은 이빨이 뾰족한 상어로 태어난다고 생각한다. 뾰족한 이빨로 자신을 과시해야만 살아남는다고 생각하는 상어. 이들에게는 고래같은 아빠의 교육이 필요하다. "잘 봐. 아빠는 웃고 있지만 다른 생물들이 약하다고 생각하지 못하지? 이게 진짜 강한거야"라는 메시지가 아들에게 전달되길 바란다.

아들상자

과한 칭찬이나 기대를 줄이고 칭찬하는 포인트를 바꾸자. 1등하지 못했을 때도 기뻐하고 격려하자. 무엇이든 잘하는 사람은 없다고 말해줄 수 있는 어른의 따뜻한 지혜가 필요하다.

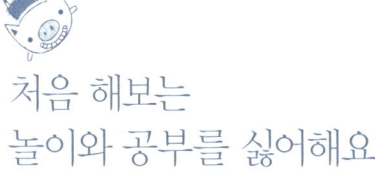

처음 해보는
놀이와 공부를 싫어해요

과도한 기대를 받으면 자신의 미숙함을 숨기고 싶어한다. 이것은 아이와 어른 모두가 갖는 자연스러운 마음이다.

한 아이가 센터에 왔다. 샘플 수업을 하면서 성향을 파악하기 위해 교실로 들어갔고 아이에게 종이를 주며 물었다.

"그림 그리기 좋아해?"

"당연하죠! 저 엄청 잘 그려요."

그러고는 종이 위에 외운 듯이 큰 나무를 그려나갔다. 아이는 뿌듯한 표정으로 나를 바라봤다. 칭찬을 바라는 듯했다.

"우아, 나무를 많이 관찰했구나? 그럼 다른 것도 그릴 수 있니?"

하지만 아이는 외운 듯이 그린 나무 그림 말고는 그리지 않았다. 그림을 그리는 대신 말을 돌리기 시작했다.

"선생님, 근데 저건 뭐예요? 저건 어떻게 해요?"

일단 아이 말에 차분히 대꾸해주며 기다렸다. 하지만 아이는 무언가를 피하는 듯 나와 대화가 끊기지 않도록 노력했다. 다시 그림으로 주제를 돌리려고 하면 다소 톤을 높여가며 나의 관심을 다른 곳으로 돌리려고 노력했다. 무언가 감추고 있는 것이다. 성향 파악지에 그간의 내용을 적어가며 다시 그림으로 주제를 돌렸다.

"선생님이 종이에 그림 하나 그려도 돼?"

"네."

나는 조금 시무룩해진 아이에게 허락을 구하고 종이 위에 아이보다 조금 더 못 그린 그림체로 괴물을 그렸다. 내가 아이보다 더 잘 그리면 아이가 더 이상 그리려고 하지 않을 수 있기 때문이다. 아이들 대부분은 어른의 기대치를 만족시키지 못할까봐 두려워한다. 나는 아이가 그린 나무에 미사일 하나를 발사했다.

"너 이거 막을 수 있어?"

아이 그림에 미사일을 쏘는 행위는 아이가 숨긴 깊은 내면에 말을 거는 행위와도 같다. 잘 그린 그림을 그려주는 대신 아이가 그린 그림에 미사일을 쏘면 '선생님이 지금 너 평가하려고 하는 거 아니야. 너가 잘하는지 못하는지 보려고 그러는 거 아니야. 그냥 너랑 놀고 싶어'라는 메시지를 전달할 수 있다.

아이는 그제야 펜을 들고 아까 그렸던 나무 앞에 미사일을 막을 방패를 그렸다. 다시 그림이 시작됐다. 더 센 괴물도 데리고 나오고 미사일도 같이 쏴보고, 그림 한바닥 낙서가 나왔다. 아이가 한번 자신감을 갖고서 나는 다시 물었다.

"너 또 뭐 그릴 수 있어?"

그제서야 아이는 새로운 그림을 그리기 시작했다. 미사일이 달린 자동차, 공룡이 타고 있는 로켓, 절대로 뚫을 수 없는 견고한 집 등. 이 아이는 엄마의 긍정적인 기대에 길들여진 아이였다. 아이가 감추고 싶어했던 사실은 아까 언급했던 대로 자신의 실제 실력이었다. 선생님의 기대보다 엄마의 기대보다 사실은 내가 더 못한다는 뼈아픈 진실을 어른들에게 들키는 것이 싫었던 것이다.

사실 대부분의 남자들이 이렇다. 과도한 기대를 받으며 살고 자신이 무언가 못한다는 사실이 드러날까봐 전전긍긍한다. 할머니가 무심코 던진 "이야, 역시 우리 손주 똑똑한데?"라는 긍정적인 한마디가 아이 얼굴에 거짓된 가면을 씌우고 있었는지 모른다.

아마도 아이가 의기양양하게 그렸던 나무는 이전에 그렸다가 한 번이라도 칭찬을 받았던 그림일 것이다. 아이는 나를 보고 칭찬받는 그림이 무언지 알고 있다는 표정으로 자신만만하게 그렸지만, 더 보여달라는 요구에 덜컥 겁이 났을 것이다.

'뭘 그려야 잘 그린다는 칭찬을 받지?'

이런 생각이 들면서 아이는 말을 돌렸을 것이다. 자신이 잘한다는 확신이 들 때까지 시간을 벌기 위해서. 이런 친구에게 꼭 필요한 일은 교육자가 '너를 평가하지 않고 있단다. 못하는 것은 중요하지 않아. 실제로 나도 잘 못해. 나는 누군가를 평가하지 않아'라는 느낌을 주는 것이다. 남자아이들에게 '내가 못한다는 사실을 선생님이나 엄마에게 들키는 일'은 생각보다 깊은 상처와 수치심을 준다.

만일 아이가 그림을 그리지 않고 머뭇거린다면, 아이보다 더 못 그린 그림, 혹은 낙서를 먼저 보여주는 것이 좋다.

아이가 실패를 두려워해서 무언가를 시도하지 않는다면, 실패하는 모습과 인정하는 모습을 차례로 보여주자. 아이가 실패와 수치심을 극복하는 가장 좋은 방법은 공감이다.

"괜찮아. 나도 그래. 민준아. 아빠는 너 어렸을 때 이걸 진짜 못했어. 그래서 매일 고민했는데 지금은 엄청 잘하게 됐지."

아빠의 이 한마디가 얼마나 아이에게 위안이 되는지 모른다. 잊지 말자. 아이가 아무것도 모를 것이라고 생각하고 상황에도 맞지 않는 긍정적인 말을 쏟아냈다면 아이는 점점 더 도전하지 않고 도망쳐버리는 어른으로 성장한다.

> **아들상자**
>
> 아이가 실패하고 부끄러움과 수치심을 느낄 때 곁에서 공감해주자. 어른의 실패담과 용기를 주는 말을 차례로 해주는 것이 중요하다.

아들이 대화를 피해요

어떤 아들은 친구랑 아빠랑 선생님이랑 이야기하는 것은 좋아하지만 엄마랑 대화하는 것은 불편해한다.

초등학교 4학년인 아들이 대화를 피한다며 도움을 요청하는 상담을 한 적이 있다. 엄마가 말만 하면 아들이 인상부터 구긴다는 것이다. 심지어 같은 이야기를 해도 아빠가 말할 때는 잘 들으면서 엄마가 말하면 불만이 가득 찬 듯한 표정을 짓는다고. 친구랑 이야기하기를 좋아하고 아빠랑도 잘 이야기하면서 유독 엄마랑만 말하기를 꺼린다는 것이다. 무엇이 문제일까?

"안녕, 석현아."

교실로 들어가니 눈을 피하고 바닥만 보는 모습이 낯을 좀 가리는 것처럼 보였다.

"몇 살이야?"

"열한 살요."

아이는 단답형으로만 대답했다.

'원래 대화 자체를 꺼리는 아이인가?'

조금 더 대화를 해보니 아이 자체가 대화를 싫어한다기 보다는 대화를 위한 대화를 부담스러워한다는 것을 알 수 있었다. 사적인 질문에는 답변이 없지만 야구팀에 대해서는 눈을 반짝이며 이야기를 늘어놓았다. 대화를 잠시 거두고 아이와 정해진 수순에 따라 그리기와 만들기를 시작했다. 그러다가 무심히 질문을 던졌다.

"석현이는 세상에서 제일 듣기 싫은 말이 뭐야?"

"너 이리로 와봐. 얘기 좀 하자. 이거 두 마디요. 어제도 들었어요."

아들맘들이 들으면 서운할 소리이지만, 아들은 엄마의 대화 방식이 부담스러울 때가 있다. 엄마가 구사하는 대화 방식과 아들이 원하는 방법에는 다소 차이가 있다.

엄마들 간담회를 가진 적이 있다. 한 번도 서로 본 적 없는 아들맘 다섯 명을 한 자리에 모셔놓고는 급한 일이 생겨 죄송

스럽게도 잠시 자리를 비웠다. 헐레벌떡 돌아와서 서로 소개를 해드리려는데, 한 엄마가 손사래를 치며 이렇게 말했다.

"어휴, 선생님 우리 벌써 소개 끝났어요. 오늘 만났는데 몇 년 전부터 알던 사이 같애. 어떡해. 호호호."

엄마들은 서로에 대한 사전 지식이 없는 상태에서도 마주 앉아 있으면 아이들 이야기, 어제 있었던 사건 등에 대해 편안하게 털어놓고 친해지는 능력이 아이를 낳는 순간 탑재되는 듯하다.

반면에 서로 일면식이 없는 아빠 다섯 명을 똑같은 자리에 앉혀놓고 잠시 자리를 비우고 돌아왔을 때는 상황이 다르다. 적막한 상태에서 전부 스마트폰을 보고 있는 것을 보면 남자들은 참 사교성이 없는 것 같다. 왜 이런 차이가 나는 것일까?

"최민준, 이리와 앉아. 엄마랑 얘기 좀 하자."

"여보 나랑 얘기 좀 해요."

남자는 종종 마주보고 앉아 대화하는 것에 부담을 느낀다. 아무 일 없이 서로의 눈을 바라보며 마주 앉아 대화하는 일은 사랑하는 여자친구와 평생에 1년 정도면 적당하다. 특히 엄마가 아빠에게, 혹은 엄마가 아들에게 시간을 따로 빼서 대화를 좀 하자는 말은 대화의 내용과 상관없이 부담스럽다.

사교성 없어 보이는 남자라고 할지라도 그들만의 대화 방법은 있다. 남자들을 잘 관찰해보자. 한곳에 모아놓고 서로를 마주보게 한다고 해서 자연스레 서로에게 관심을 갖지는 못하는 존재들이다. 더군다나 그들은 이제 스마트폰이라는 무기를 손에 쥐었다. 남자들이 대화를 시작할 때는 주로 이런 패턴을 그린다.

"혹시 담배 태우세요?"

남자들이 술과 담배를 좋아한다는 고리타분한 이야기를 하자는 것이 아니다. 그들은 대화를 할 때 서로를 마주보는 방식이 아닌, 무언가를 같이하는 것을 좋아한다는 말을 전하고 싶다. 더 쉽게 말해 엄마가 '마주보고 대화'하는 방식을 시도하는데 안 먹힌다면, 남자들의 '나란히 대화'하는 방식에 대해 이해해야 한다.

만일 아들, 혹은 남편과 지독히도 대화가 되지 않고 허공에 말이 뱅뱅 도는 느낌이 들면 "대화하자"가 아닌 "산책하자" 혹은 "아이스크림 먹자"라고 제안해보자. 일단 무언가를 할 거리가 생기면 남자들은 보다 편안하게 말랑말랑한 마음으로 엄마 앞에 앉을 준비가 될 것이다. 여기에 몇 시까지 이야기를 하자고 데드라인을 정해두면 금상첨화다. 아들은 엄마의 잔소리가 시작될 때, 엄마가 전달하고자 하는 내용의 핵심보다 도대체 이걸 언제까지 들어야 할 것인지에 더 관심을 갖는다.

이 방식은 아이에게 무언가를 가르칠 때에도 통용된다. 아이가 엄마와 눈을 마주치고 교감하면서 배우길 원할 것이라 생각하지만, 모든 아이들이 그렇지는 않다. 특히 자기주도 성향이 강한 남자아이들은 어른이 자신을 감시하며 가르치는 행위를 달가워하지 않는다. 그래서 남자아이를 책상에 앉힐 때는, 마주보지 말고 한발자국 뒤에서 조언하고 같이하듯 도와주는 것이 좋다. 책상은 벽에 붙이고 벽을 보고 무언가를 하게 하는 상태에서 최대한 가르치는 이의 존재를 뒤로 숨기면서 조언하는 것이다.

'사람을 가르칠 때에는 그 사람이 눈치채지 못하게 가르치고, 새로운 사실을 제안할 때는 마치 잊어버렸던 것이 생겨난 듯이 제안하라'고 말했던 알렉산더 포프의 말은 아들을 가르칠 때 더욱 유념해야 할 말이다.

아들상자

엄마가 마주보고 대화하는 방식을 시도할 때 아들이 자리를 피하고 싶어하는 것은 자연스러운 본능이다. 강압적인 주입식 대화보다는 간단한 할 일과 은근한 메시지로 아들을 다스리는 요령이 필요하다.

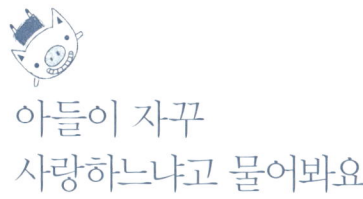

아들이 자꾸
사랑하느냐고 물어봐요

아무리 아들에게 애정 공세를 하고 심리적으로 가까워지려 노력해도 엄마 마음이 전해지지 않을 때가 있다.

    기준이 어머니가 나를 찾아왔다. 기준이가 자꾸 "엄마 나 안 사랑하지?"라고 묻는다는 것이다. 아들을 사랑하지 않는 엄마가 어디 있을까? 어머니는 기준이에게 "당연히 아들 너무너무 사랑하지!"라고 대답해주려다가, 아무리 생각해도 아들과 보내는 시간이 적어서 그랬다는 생각에 맞벌이를 과감하게 때려치우고 아들과 온전한 시간을 보내기 시작했다.

    '자신이 대접받고 싶은 대로 타인을 대접하라'라는 말을 떠올리며 엄마는 아들에게 어떤 사랑을 줄까 고민하다 어렸을 때를 떠올렸고, 정말 자신이 받고 싶었던 사랑을 주기 위해 매일매일 편지를 쓰기 시작했다. 편지 내용은 보통 이랬다.

"아들, 엄마가 매일매일 우리 아들 사랑해."

하지만 아무리 아들에게 애정 공세를 하고 아들과 심리적으로 가까워지려 노력해도 기준이는 엄마에게 "그래도 엄마는 나 안 사랑하잖아!"라는 말을 반복했다. 어머니는 무엇이 잘못되었는지 알아봐주길 부탁했다.

나는 아이와 교실에 들어갔다. 아이에게 재료를 주고 아이의 행동과 자주 쓰는 문장을 관찰하고 기록하기 시작했다. 이렇게 1시간을 기록하자 가장 많이 적힌 말이 있었다.

"선생님, 저 다른 형들보다 더 잘했어요? 선생님 저 몇 등이에요?"

이 질문을 토대로 기준이의 성향을 유추한다면 아이는 어떤 성향이라고 할 수 있을까? 나는 기준이가 다른 아이보다 인정받고 싶은 욕구가 높은 아이라 유추하고 가설을 세운 후 어머니와 상담에 들어갔다. 자리에 앉아 상담을 하려는 찰나 문이 벌컥 열리며 기준이가 들어왔다.

"엄마! 나 이거 봐! 엄청 잘했지?"

엄마는 당황하며 이렇게 말했다.

"응, 잘했어. 잘했으니까 어서 나가 있어."

다시 한 번 아이가 강조하며 물어봤다.

"엄마! 나 진짜 잘했어? 나 이거 다른 형들보다 더 잘했대!"

"응, 잘했어. 근데 엄마가 말했지? 잘하는 것만 중요한 게 아니야."

"아니 아니! 그게 아니라 나 얼마나 잘했냐고!"

"많~이 잘했어. 근데 엄마가 말했지? 이기는 데에 너무 집착하지 마. 우리 기준이가 못해도 엄마는 기준이를 언제나 사랑해요."

"아니! 엄마, 나 안 사랑하지?"

엄마가 주고 싶었던 사랑은 무조건적인 사랑인데, 기준이가 받고 싶었던 사랑은 인정이라는 이름의 사랑이었다. 우리는 생각보다 많은 영역에서 나만의 방식으로 상대방을 사랑하고 있지는 않을까? 나는 두 모자의 모습을 보며 그런 질문을 떠올렸다.

엄마들은 상담할 때 꼭 이런 이야기를 한다. 아들에게 기울인 노력에 비해 효과가 미비하거나 일이 완전히 엉망이 될 때가 있어서 걱정이 된다고. 예를 들어 아들이 힘들어하는 그림 그리기를 도와주려고 했는데 오히려 화를 내는 경우도 있고, 자전거 타기를 힘겨워하는 아들을 위해 자전거 타는 법을 애써 알려줬는데 엄마한테 삐치는 경우가 그렇다.

근본적인 이유는 아들의 입장을 헤아리지 않고 엄마의 방식으로 사랑을 전달했기 때문이다. 그림이 안 그려져서 징징대는 아들에게 필요한 것은 자신보다 더 잘 그리는 엄마의 모습이 아니라 지금까지도 충분히 잘했으니 더 잘할 수 있다는 응원이다. 자전거를 타려고 낑낑대는 아들에게 필요한 것은 엄마의 강습이 아니라 자신이 얼마나 잘할 수 있는 아이인지 엄마 앞에서 보여줄 기회를 갖는 것이다. 이럴 때는 한 번 더 참고 기다려주면 된다.

이렇게 화성에서 온 아들을 금성에서 온 엄마의 솔루션으로 대하다 헛발질을 하는 일이 늘상 벌어진다. 그래도 괜찮다. 엄마가 아이와 소통하려는 의지가 있는 한 헛발질의 빈도는 계속 줄어들 것이다.

> **아들상자**
>
> 어른의 방식으로 사랑을 주려고 하지 말자. 아이가 듣고 싶어 하는 말이 무엇인지를 고민하다보면 아들의 텅 빈 마음은 금방 채워질 것이다.

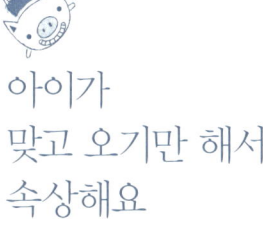

아이가
맞고 오기만 해서
속상해요

아들과 딸에 관한 보통론은 항상 조심스럽다. 상담을 하다보면 내성적인 남자아이를 자주 만나기 때문이다.

"우리 아들은 알다가도 모르겠어요. 일반적인 남자아이들은 '이래서 이런 거잖아'라고 논리적으로 끊어서 말한다던데. 우리 아들은 대부분 '네가 나한테 그렇게 했잖아'라고 감정적으로 이야기해요. 보통 남자아이들은 안 그러지요? 이러는 이유는 뭘까요?"

평균적으로 남자아이는 여자아이에 비해 감성적인 대화보다는 이성적인 대화를 주로 하는 편이다. 그래서 남자아이에 비해 여자아이가 체벌을 더 못 받아들이는 경향이 있다. 남자아이들 중에는 오랜 시간 잔소리 듣기보다 한 대 맞고 끝나길 원하는 아이도 많다. 여자아이는 체벌을 엄마의 감정으로 인식하고 서운해하는 경우가 종종 있다. 그래서 남자아이에게 주위를 환기시키는 정도의 가벼운 체벌은 괜찮지만, 여자아이에게는 체벌을 하지 말아야 한다는 이야기도 있다.

하지만 이 사실을 모든 아들에게 적용해서는 안 된다. 모든 아들이 이성적이고 모든 딸들이 감성적이라면 이렇게 방황하지는 않을 것이다. 10명의 아이가 있으면 10명의 아이가 다 다르다. 그래서 육아는 답이 없고 어렵다. 오히려 '아들은 이렇다더라'라는 이야기가 객관적으로 아이를 바라보는 데 혼선을 줄 수도 있다.

그래서 아들과 딸에 관한 보통론은 항상 조심스럽다. 남자아이들은 감정 처리 능력이 느리다는 이야기를 잘못 전달하면 남자아이 중에서도 감성이 예민하게 발달된 친구를 비정상으로 몰고 갈 수 있기 때문이다. 게다가 상담을 하다보면 요즘 들어 부쩍 내성적인 남자아이들이 많이 발견된다.

"그러면 에너지 많은 친구들이 아이를 공격할 때 어떻게 해야 할까요? 툭툭 건드려도 가만히 있는 모습을 보면 너무 답답해요. 똑 부러지게 이야기 좀 했으면 하는데, 우린 친구라서 괜찮다고 이야기하는 게 이해가 안 가요."

나도 어렸을 때 친구들에게 바보같이 당하고 끙끙 앓던 남자아이 중 하나였다. 한번은 내가 시장에서 쌀집 아들에게 맞고 들어오자 엄마가 "바보 같이 왜 맞고만 있어! 너도 가서 때려!" 하며 나를 쫓아냈다. 얼마나 가슴이 아팠으면 때리고 오라고 했을까? 나의 담력을 키워주기 위한 특단의 처사였지만 그 일은 나를 더 큰 공포로 몰아갔다. 친구한테 사과를 받든 끝장을 보든, 어떻게든 꼭 해결을 하기 전까지는 들어오지도 말라는 엄마 말에 나는 애꿎은 동네만 하염없이 걸으면서 펑펑 울다 돌아왔다. 나는 남을 때릴 수 있는 아이가 아니었다.

아이가 너무 당하고 있으니까 반격하는 방법을 가르친다는 엄마들이 꽤 많다. 그러나 성향 자체가 그럴 수 없는 아이에게 "너도 당하지만 말고 때려!"라고 말하는 것은 또 하나의 폭력이다. 오히려 아이는 그 친구를 공격해야 한다는 중압감에 더 큰 스트레스를 받는다.

게다가 엄마가 다른 아이를 때리라고 가르치는데 부응하지 못하면 나중에 아이가 스스로를 무서워서 피하는 겁쟁이라고 생각할 수도 있다. 아이러니 하게도 싸움을 피할 때마다 일종의 죄책감이 드는 거다.

그렇다면 이런 상황에서 우리는 어떻게 해야 할까? 늘 그렇듯, 아이 성향을 인정해주는 것이 최우선이다. 게다가 어떤 상황에도 폭력을 쓰지 않고 참은 일은 칭찬받아 마땅한 일이다. 아이가 폭력으로 맞서지 못하는 스스로를 부끄럽게 여기게 된다면 엄마에게 다시는 그런 일을 말하지 않을 것이다. 우리의 위기는 아이가 입을 닫는 순간 찾아온다. 아이가 폭력을 폭력으로 맞서지 않은 것을 당당하게 여기도록 만들어주고 아이 성향 안에서 상황을 헤쳐나갈 방법을 찾아주자.

예를 들면, 싸움이 일어날 만한 상황을 피하는 방법, 시비를 거는 아이들에게 표적이 되지 않는 요령을 알려주자. 그리고 아이가 싸움을 피한 상황을 칭찬해주고 그런 일이 있으면 꼭 말해달라고 신신당부하자. 싸움을 융통성 있게 피하면서도 아이 스스로 '난 겁쟁이라서 피하는 거야'라는 자책이 들지 않아야 아들은 엄마에게 입을 열 것이다. 사실, 생각해보면 이건 단점이기 보다는 장점에 가까운 일이다. 이렇게 여유 있게 싸움을 피하는 자세를 확립한 남자들이 커서 얼마나 멋있는 사람이 되는지 상상해보자.

하지만 아무리 신신당부해도 아들이 속해 있는 어린 남자아이들의 세계는 세렝게티 초원 같다. 아무리 완벽에 가깝게 대비를 해도 아들은 가슴이 두근거리는 일을 여러 번 겪게 될 것이다. 크고 작은 갈등과 싸움은 피할 수 없고 엄마가 대신해줄 수도 없다.

사소한 갈등마저 엄마가 쫓아다니며 해결해준다면 당장은 속이 시원하지만, 아들은 자립심을 키우지 못한 채로 어른이 되고 말 것이다. 물론 사태가 심상치 않다면 늦기 전에 엄마가 나서야 한다. 그러기 위해선 무엇보다 엄마에게 편안하게 말할 수 있는 분위기가 형성되어 있어야 할 것이다. 잊지 말자. 아들과 편안한 소통이 끊기는 순간부터 위기는 언제든 찾아올 수 있다.

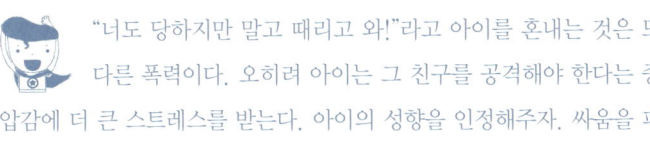

"너도 당하지만 말고 때리고 와!"라고 아이를 혼내는 것은 또 다른 폭력이다. 오히려 아이는 그 친구를 공격해야 한다는 중압감에 더 큰 스트레스를 받는다. 아이의 성향을 인정해주자. 싸움을 피할 수 있는 지혜를 알려주는 것도 필요하다.

제3장

어떻게 해야 아들과 소통할 수 있을까요?

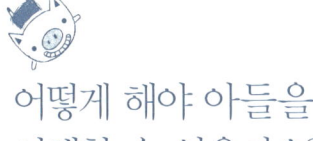

어떻게 해야 아들을
이해할 수 있을까요?

같은 배에서 나와도 첫째와 둘째가 다르고 한날한시에 태어난 쌍둥이조차 성향이 다르다. '세상에 남자아이들은 모두 이렇습니다'라고 할 만한 완벽한 이야기 역시 존재하지 않는다.

'남자아이와 여자아이 성향을 구분하는 것 자체가 편견이야. 시대에 뒤처지는 생각이야!'

아들에게 분홍색 바지를 입히는 것은 나쁜 선택이 아니다. 하지만 평등하게 키우겠다는 강박 때문에 남자아이가 가진 고유한 사고 방식과 힘을 꺾어버린다면 그것은 또 다른 편견이자 폭력이 될 수 있다.

아들이 걷기도 전에 포클레인 장난감에 끌리는 것은 사회적으로 그렇게 학습되어서가 아니다. 아들과 딸의 성향은 이미 절반 정도 결정된 상태로 태어난다. 아들이 여섯 살이 되면서 허공에 주먹질을 해대며 정의의 용사 놀이를 하는 것은 놀이터에서 만난 옆집 형 탓이 아니다. 무적 파워 레인저류의 폭력적인 영상물 때문만도 아니다. 우리가 아기를 보면 자연스레 눈썹 미간이 올라가고 웃음이 나듯, 아들도 그저 용사가 되고 싶은 본능을 갖고 태어난다. 한 번도 터닝메카드 만화를 보지 못한 아이가 유치원에서 만난 친구에게서 건너들은 터닝메카드 종류를 흥얼거리며 터닝메카드 놀이를 하는 광경을 머릿속에 그려보자.

여기서 깨달아야 할 것이 있다. 바로, 엄마가 이해하기 힘든 남자아이만의 본능이 있음을 인정해야 한다는 것. 그 진실을 가슴으로 수용해야 한다는 것이다. 아들은 그 자체로 그렇게 태어난다.

아들은 유치원과 학교에서 다방면에 재빠른 여자아이들과 경쟁해야 한다. 인생이 생각보다 만만치 않다는 것을 일찍 깨달을 것이다. 그러니 아들에게 엄마만큼은 힘든 세상 속에서 모든 것을 털어놓을 수 있는 따뜻한 베이스캠프가 되어주자.

아들에게 따뜻한 사랑을 주기 위해 우리가 해야 할 최초 과제는 아들의 성향을 수용하는 것이다. 억울하면 입을 꾹 닫아버리거나 눈물부터 글썽거리느라 자신의 입장을 명확하게 표현하지 못하는 우리 아들을 유일하게 알아차려줄 사람은 바로 엄마, 아빠 둘뿐이다.

같은 배에서 나와도 첫째와 둘째가 다르고 한날한시에 태어난 쌍둥이조차 성향이 다르다. 당연히 '세상에 남자아이들은 모두 이렇습니다'라고 할 만한 완벽한 이야기 역시 존재하지 않는다. 그럼에도 불구하고 아들이 얼마나 다른가에 대해 굳이 설명하는 이유는 '내가 상상하는 아들'이 아닌, 내가 만난 아들을 제대로 알기 위함이다.

아들맘이 알아두어야 할 사실이 있다. 우리의 아들은 엄마가 생각하는 것보다 못난 구석이 많다. 생각보다 정직하지 않으며 상상 외로 더 씻기를 싫어하고 자신보다 강한 사람 앞에서 비겁하다. 약한 친구를 대하는 태도 역시 성숙하지 못하다. 명문대도 못 갈 확률이 크다(가면 좋지만 기대하지 말자는 의미다).

아동에 대한 잘못된 상상과 기대를 갖고 고유한 아이의 본모습을 인정하지 못하면 아들은 설 곳이 없다. 교육 현장에서 엄마의 높은 기대를 충족하고자 허덕이는 아이들의 모습을 볼 때면 짠한 마음을 감출 수 없다.

아이에게 100점을 주고 아이가 실수할 때마다 점수를 깎는 방식을 감점제 교육 방식이라 한다. 반대로 아이에게 0점을 주고 아이가 무언가를 해낼 때마다 점수를 주는 방식은 가점제라 한다. 많은 아이들이 엄마에게 미리 받은 100점을 유지하느라 정신이 없다.

"선생님, 우리 아이는 가능성이 엄청난데 제가 잘 못 끌어줘서 그게 다 안 나오고 있는 것은 아닐까요?"

그럴 수도 있다. 그렇지만 기대는 아이가 알아차리지 못하게 조심스럽게 가슴속으로만 하자.

"민준아, 엄마는 네가 이런 아이면 좋겠어."

기대를 드러낼수록 아이는 본연의 모습 그대로 성장하지 못한다. 무엇보다 인정받고 싶은 욕구가 높은 남자아이일수록 엄마에게 수용되지 못한 경험이 좌절스럽고 아프기 때문이다.

아들을 진심으로 이해하고 싶다면 높아진 기대와 일반론을 내려놓자. 아들의 성향을 꼼꼼하게 관찰할 때 진정으로 아이를 이해할 수 있을 것이다.

아들상자

아동에 대한 잘못된 상상과 기대를 갖고 고유한 아이의 본모습을 인정하지 못하면 아들은 설 곳이 없다. 따뜻한 사랑을 주고 이해하기 위해 아들의 성향을 수용하고 직면해주자.

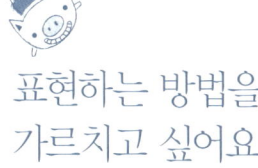

표현하는 방법을
가르치고 싶어요

어른은 아이의 보기 싫은 모습을 모르는 척하는 실수를 한다. 이때 아이는 자신이 인정받지 못했다고 느낀다. 당연히 아이가 마음을 열고 표현하기 어렵다.

멕시코로 여행을 갔다가 숙소 예약이 잘못되어 문제를 겪은 적이 있다. 나는 분명 바다가 보이는 방을 예약했는데 다른 방으로 예약이 되어 있었다. 나는 항의했다. 한국 같았으면 상황을 편안하게 설명하고 일을 잘 해결했을 텐데 영어가 서툴어 대화가 원활하게 되지 않았다. 시간이 지나도 문제는 해결되지 않았다. 답답함이 몰려왔다.

누구나 한 번쯤 이런 경험이 있을 것이다. 내가 말하고자 하는 바는 이게 아닌데 상대방이 잘 이해해주지 않을 때. 일 자체는 사소한데 불편한 감정은 점점 커지는 경험 말이다.

교실에서 남자아이들과 대화하다보면 우리가 외국에서 말이 미처 다 통하지 못해 느끼는 답답함을 집과 학교에서 자주 느끼고 있다는 걸 알 수 있다. 선천적으로 언어 지능이 여자아이들에 비해 평균 1.5세가량 떨어져서 감정을 솔직하게 표현하는 것에 서투르니, 억울해서 울거나 주먹이 먼저 나가는 일을 종종 본다.

한번은 초등학교 3학년인 동현이가 한 살 어린 동생 2학년 용석이와 함께 축구를 하다 화를 누르지 못하고 통곡을 한 적이 있다. 그날따라 동현이가 자신이 축구하는 모습을 보여주고 싶다고 해서 쉬는 시간을 이용해 같이 밖으로 나갔다가 용석이를 만났다. 동현이는 평소 순하고 축구를 좋아하는 아이인데 나에게 자기 실력을 한껏 보여주고 싶은 마음에 용석이에게 패스도 하지 않고 무리한 플레이를 했다.

문제는 축구 못 한다고 용석이가 동현이를 놀리면서 시작됐다. 아이들끼리는 있을 수 있는 일이라 용석이를 가볍게 나무라고 있는데 뒤에서 조용히 있던 동현이가 갑자기 화를 내기 시작했다. 처음에는 정색하고 하지 말라고 몇 마디 하더니 이내 곧 울면서 소리를 지르다가 욕설까지 했다. 평소 그런 모습을 보인 적 없었던 동현이였기에 나는 폭발하듯 쏟아져나오는 아이의 분노에 무척 당황했다. 서둘러 사태를 진정시키고 동현이와 용석이를 혼내기 시작했는데 평소 같으면 잘못을 인지하고 멈췄을 동현이가 얼마나 억울했는지 내가 제지하는 데도 소리를 지르며 화를 멈추지 않았다. 말이 조금 느리고 표현하는 게 부족했던 동현이는 너무 진을 뺐는지 결국 집에 들어가는 길에 잠시 풀썩 주저앉았다.

이런 일도 있었다. 정우가 폭력적인 놀이를 즐긴다며 상담이 들어왔다. 상담의 주제는 아이의 이유 없는 짜증과 눈물이었다.

"선생님. 얘가 자꾸 사소한 일에도 짜증을 내고 잘 울어요. 한번은 레고 조각이 없어졌는지 있는 대로 화를 내고 울고 있는 거예요. 그때마다 울지 말라고 혼내고는 있는데 자꾸 이해할 수 없는 부분에서 화를 내니까 그럴 땐 뭐라고 해줘야 할지 모르겠어요."

종종 자기주도 성향이 강한 남자아이들이 뜻대로 안되면 있는 대로 짜증을 내는 경우가 있다.

정우를 자세히 파악하기 위해 교실로 들어가니 교실 내에 있는 화살이나 칼, 창 등을 만지면서 선망의 눈빛으로 물건을 바라보고 있었다. 정우에게 다른 친구들이 만든 칼과 무기들을 보며 방법을 설명해주고 같이 만들기를 시작하려는데 조심스레 전혀 다른 말을 하기 시작했다.

"선생님, 저는 닌자고를 다 아는데요, 집에서 닌자고 놀이를 하면 엄마가 많이 싫어하니까 엄마한테는 비밀이에요."

아이는 엄마에게 자신의 모습을 온전히 수용받지 못한다고 느끼는 것 같았다. 이런 일은 종종 있다. 엄마는 아들의 보기 싫은 모습을 목격했을 때 그 상황을 인정하지 않고 눈을 감아버릴 때가 있다. 나는 이를 '부분적으로 수용한다'고 이야기한다. 이런 엄마의 부분 수용이 아이에게 좋은 영향을 주기는 어렵다.

나는 종이를 꺼내 정우가 그려보고 싶어했던 닌자고 그림을 마음껏 그렸다. 서로 싸우는 모습도 표현하게 했고 어머님께 정우 본능을 이런 식으로라도 풀어달라고 부탁드렸다. 그로부터 석 달 후, 우연히 수업을 마친 정우 어머니와 마주쳤는데 훨씬 안정된 모습을 보이고 있다는 소식을 들을 수 있었다.

물론 정우가 짜증을 내고 쉽게 눈물을 보이던 이유를 한 가지로 단정 짓기는 어렵지만, 아이 모습을 그대로 인정해주지 않는 행위는 부정적인 영향을 미칠 수밖에 없다. 간단한 만들기 활동이라도 아이가 진짜 원하는 것을 표현하게 도와주는 것은 상당 부분 긍정적인 영향을 준다. 자신이 갖고 있는 본능을 주 양육자에게 인정받지 못하는 경험은 아이에게 받아들이기 힘든 좌절감을 안겨준다.

자신을 상대방에게 맘껏 드러내기 어렵다는 것은 아이에게 큰 재앙이다. 우리가 사람들과 엉켜 살면서 스트레스를 받는 이유 중에 하나가 바로 이 소통이 아닌가. 신체적인 배설이 있듯이 건강한 소통을 통한 정신적인 배설도 늘 필요하다. 그게 눈물이든 대화든 적절한 심리적 배설은 늘 필요하다. 나는 미술 놀이가 그 역할을 한다고 믿는다.

아들에게 꼭 미술을 가르쳐줘야 한다고 주장하고 싶은 것이 아니다. 무엇이든지 적절한 표현 능력을 길러줘야 한다고 말하고 싶다.

여성은 아이든 어른이든 대화를 통해 스트레스를 풀지만 남성 대부분은 수다를 통해 뱃속 깊은 곳의 욕구들을 다 풀어내지 못한다. 여러가지문제연구소 소장이자 『남자의 물건』 저자인 김정운 교수 말에 의하면, 소통의 방법을 익히지 못한 한국 성인 남자들은 보통 술을 마시면서 스트레스를 푸는 횟수가 많다고 한다. 적절한 표현법을 배우지 못한 남자들의 안타까운 현실이다.

나는 표현력이 약하고 익숙하지 않은 남자아이들에게 그림이나 만들기로 자신의 본능을 표현하는 방법을 가르쳐주라고 권하고 싶다. 그러나 여기에는 전제 조건이 있다. 아들의 성향을 고려한 표현 방법이어야 한다.

우리가 지금까지 알고 있던 전통적인 표현 방식과 어른이 알아채기 편한 표현법을 내려놓고 아들에게 적합한 표현 방식에 대해 고민하자.

아들상자

어린 아들에게도 가슴에 담아둔 이야기가 있을 것이다. 심리적으로 배설할 수 있도록 아이가 편안해하는 놀이를 함께해보자.

육아 트렌드와 우리 아이가 맞지 않아요

아들 육아의 궁극적인 목표는 아이가 자신의 생각과 감정을 기반으로 주변 사람들과 원활하게 소통하며 성장하도록 이끄는 것이다.

"선생님, 사실 제가 학창 시절 때 미술을 못해서 미술 가르치는 일은 꿈도 못 꿔요. 하하."

무언가를 가르치는 일은 늘 어렵다. 미술을 잘했던 엄마도 아들에게 미술을 가르치는 일이 힘들지만 학창 시절에 미술이랑 친하지 않았던 엄마라면 더 힘들다. 아동 미술이라고 하면 우리는 제일 먼저 알록달록하고 톡톡 튀는 색감에 피카소 그림같이 신비로운 감성을 떠올린다. 실제로 이런 그림을 그리는 아이는 얼마나 될까? 직설적으로 말하자면 보통 우리가 마주하는 아들의 그림은 생각보다 아름답지 않다. 알록달록함보다 칙칙함에 더 가깝다. 선과 선이 맞닿아 있지 않아 그림이 붕붕 떠 있는 데다 사람이 죽어나가는 충격적인 이야기가 등장하기도 한다. 무언가를 가르치기 전에 우리의 기대부터 낮추자. 기대는 상대를 억누르게 된다.

남자아이들에게 미술을 가르치겠다면 미술을 '아름답게 그리는 기술'을 전수하는 과정이 아니라, 아이가 자신의 생각과 감정을 효과적으로 표현하는 도구라고 여기게 해야 한다. 미술 놀이가 주변 어른들과 원활하게 소통할 수 있는 창구라고 생각하고 접근하는 관점이 필요하다.

미술 놀이를 시작할 때 엄마가 아들에게 해야 할 말은 "예쁘게 그려봐"가 아니다. 나는 "재미있게 놀아봐"를 권한다.

만일 우리가 미술을 가르쳐주려고 노력한다면 아이는 배우지 않고 도망갈 것이지만, 가르치지 않으려고 한다면 열정적으로 배울 것이다. 표현은 가르치는 것이 아니라 끌어내는 것이기 때문이다.

이런 철학이 실질적으로 아이를 가르치는 데 도움이 되느냐는 의문이 생길 수도 있다. 하지만 단언하건대 엄마의 교육 철학이 조금 더 유연하게 바뀐다면 아이는 우리가 상상하지 못했던 모습을 보여줄 것이다. 그 모습을 통해 우리는 아이의 숨겨진 가능성을 읽을 수 있다. 때문에 이런 교육 철학은 정말 중요하다. 백 번을 강조해도 부족하지 않다고 생각한다.

아들맘에게 강연을 하고 콘텐츠를 글로 정리해 인터넷에 올려두면서 나는 전국의 아들맘과 더 많이 소통하게 됐다. 아들맘들의 다양한 고민, 그리고 그 속에서 읽을 수 있는 공통점들을 매일 실시간으로 확인한다. 그러면서 알게 되는 여러 가지 중 하나는, 당장 마음이 급해진 아들맘들이 육아에 관한 자기 생각과 철학을 단단하게 만들기보다는, 전문가의 육아 레시피를 원한다는 것이다.

물론 경험을 나누어줄 수 있고, 사례를 들려주어 힌트를 줄 수 있다. 하지만 교육에는 레시피가 없어야 한다. 아무리 읽을 시간이 없고 먹고 사는 문제에 치여서 바쁘더라도 아이를 어떤 방향으로 가르칠 것인지 명확하게 방향을 잡는 일은 중요하다.

세상물정 모르는 선비가 던지는 고리타분한 조언이 아닌, 실질적인 시간 절약과 효과면에서도 아이를 가르치기 앞서 자기 스스로 육아에 관한 생각을 정리해보는 경험은 꼭 필요한 과정이다. 이것은 인터넷에 나와 있는 정보를 보고 이유식을 만드는 일과는 본질적으로 다르다. 이유식은 우리가 피곤해도 즐거워도 같은 재료로 레시피를 따라 만들면 비슷한 결과물이

나오지만 교육은 그렇지 않다. 아이는 우리가 준비한 미술 재료와 어른의 입에서 나오는 문장에서도 무언가를 배우지만, 그보다 더 중요한 것이 있다. 어조, 말에 담긴 느낌과 생각, 아이의 돌발 질문에 대한 유연한 대처, 아이를 바라보는 눈빛이 더 결정적인 역할을 한다. 책에 나온 미술 놀이를 그대로 보고 아무리 따라해도 교육의 효과가 미비한 이유는 가르치는 사람의 마음가짐과 유연한 대처가 재현되지 않았기 때문이다.

그래서 재료와 레시피를 똑같이 맞추어내는 프랜차이즈 음식점에서는 엇비슷한 맛이 나지만, 교재를 통일한 프랜차이즈 교육원에서는 비슷한 가치의 수업이 이루어지기 힘들다.

이것은 교육자를 양성하는 과정을 보면 알 수 있다. 자라다 남아미술연구소 운영 초기에 아무리 교재를 통일하고 똑같은 매뉴얼을 만들어서 수업을 가르쳐도, 다른 교사의 수업을 바라보는 내 마음은 아쉬움뿐이었다. 아이에 따라 조언해줘야 하는 말이 다르고 이야기를 끌어내는 방법이 다른데 그때마다 방법을 알려주는 것에 한계를 느꼈다. 같은 재료와 방식으로 수업을 하는 것보다 같은 생각을 갖고 수업하는 것이 더 중요하다는 것을 몰랐던 것이다.

지금은 한 사람의 교육자를 만들기 위해 한 달여의 시간을 투자한다. 교육의 요령을 알려주기보다는 아이들을 분석하고,

교육 철학을 정립하고, 다른 사람들 앞에서 아이 한 명에 대해 30분간 이야기하는 방식을 전통처럼 고수한다. 이 방법은 생각보다 탁월한 효과를 부른다. 교육에 대한 선생님만의 철학이 서고 아이를 대하는 자세가 변하기 때문이다.

한번은 5세 딸아이를 둔 남성을 교육자 과정에서 가르친 적이 있다. 미술을 전공했기에 기술은 빨리 배웠지만 아이를 끌어주는 것엔 어려움을 겪고 있었다. 아이를 지도하는 모습을 물끄러미 지켜보니, 아이 표정은 딱딱하게 굳어 있고 입은 굳게 닫힌 채로 교사의 지시에 따라 기계적으로 일을 처리하듯 태극기를 그리고 있었다. '저게 아이의 본모습일까?' 교사에게 잠시 뒤로 물러나 아이에게 맡겨보라 조언하고 아이가 그리던 종이 옆에 문어 괴물을 하나 그려놓고는 아이 행동을 지켜보게 해줬다.

아니나 다를까, 전과는 전혀 다른 표정으로 자신의 생각을 입으로 중얼거리며 쉴 새 없이 그림을 그리기 시작했다. 전자는 일방적인 가르침이었고 후자는 끌어낸 경우다. 좋은 교육은 그냥 열심히 가르치는 것이 아니다. 그렇다고 매번 문어 괴물을 그려놓고 아이를 지켜볼 수는 없다. 언제 무엇을 해줘야 할지 적절하게 알아야 한다. 그것이 가능한 교사와 그렇지 않은 교사의 차이는 무엇일까? 그것은 교사 개인의 명확한 방향성에서 온다. 아이 눈을 보고 아이에게 깊이 들어가고 나면 무엇이 필요한지 자연스레 알게 된다. 이걸 누군가는 사랑하는 마음이라고도 표현하지만 나는 스스로에 대한 교육 철학의 성립이라고 말하고 싶다.

단언컨대 엄마들에게는 좋은 교육의 레시피가 아닌 교육 철학의 성립이 시급하다. 만일 어떤 유명인이나 전문가의 질 좋은 교육을 집에서 재현하고 싶다면, 우리는 필시 그 사람의 생각을 읽고 그 사람의 관점을 먼저 얻어야 할 것이다.

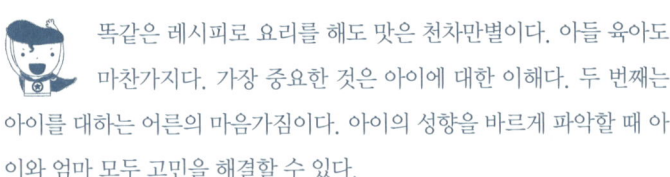

똑같은 레시피로 요리를 해도 맛은 천차만별이다. 아들 육아도 마찬가지다. 가장 중요한 것은 아이에 대한 이해다. 두 번째는 아이를 대하는 어른의 마음가짐이다. 아이의 성향을 바르게 파악할 때 아이와 엄마 모두 고민을 해결할 수 있다.

완벽한 육아 레시피가
필요해요

책에 나온 아들 문제 진단과 해결책으로 엄마들은 희망을 얻는다. 하지만 책대로 되지 않는 경우가 훨씬 많다.

"다 필요 없고 그러니까 어떻게 하라는겨?"

쏟아져나오는 책과 강연을 보면 행동 강령 알려주기에 바쁘다. 하지만 불특정 다수를 향해 만든 보편적 방식이 날카로울 수도 없고 매번 잘 통할 리도 만무하다.

책에서는 말썽만 부리고 고집 센 철수에게 '아이 메시지 훈육법'을 쓰면 행동 교정이 잘 되었는데 내 아들에게는 영 먹히질 않아 울화통이 터지는 경험을 한두 번쯤은 해봤을 거다. 아들맘은 아들에게서 한 번, 믿고 싶었던 육아 전문가에게서 한

번, 합이 두 번 배신감을 느낀다.

"결국 책은 책일 뿐이었어."

행동 실습과 철학 공유는 육아의 앞바퀴와 뒷바퀴다. 어느 것 하나가 빠지면 올바른 방향으로 가지 못한다. 우리 시대 육아의 가장 큰 오류는 철학의 공유 없이 바쁘다는 핑계로 행동만 좇는 데 있다. 어떤 방식으로 말하고 행동하는가보다 더 중요한 것은 어떤 생각과 마음으로 말하는가에 있다. 아무런 생각과 공감 없이 아이에게 "자, 그림을 갖고 놀아봐"라고 이야기해봐야 아무 일도 일어나지 않는다.

"블로그에 선생님이 올린 글을 보고 따라했는데 도무지 우리 아들한테는 먹히질 않아요."

꼭 내 블로그가 아니더라도 육아와 관련된 블로그 포스팅을 보고 호기롭게 미술 놀이를 따라하다가 마음처럼 되지 않아 좌절하는 모습을 종종 목격한다. 아이가 예상한대로만 움직인다면 자식 키우기가 그렇게 어려울 리 없고 육아서가 이렇게 많을 리도 없다.

"서준아, 엄마가 서준이 그림 옆에 같이 그려봐도 될까?"

"아니. 싫은데.(철벽남)"

"그래······.(의기 소침, 메뉴얼에 이런 건 없는데?)"

분명 블로그에는 아이에게 같이 그려도 되냐고 물으면 아이가 허락할 거라고 쓰여 있지만 실제로 아이들 중엔 단호하게 거절하는 경우도 많다. 이런 예외 상황을 미리 알지 못한 엄마는 당황스럽기 짝이 없다. 왜냐하면 우리 머릿속엔 블로그에서 본 사진 속의 엄마처럼 아이와 함께 즐겁게 그림 그리며 노는 답 하나만 존재하기 때문이다.

만일 당신이 이 책을 보고 무언가를 가르치려고 하는데 책에 나온 대로 되지 않았다면, 원하는 결과를 만들기 위해 발버둥치지 말고 그냥 직면하는 방법을 익히는 게 중요하다. 이때 도움이 되는 훈련이 있다. 아이의 행동을 보고 '난 어떡해야 할까?'라는 생각이 자꾸 든다면 아무 감정 없이 상황을 종이에 적어보는 거다.

'같이 그림을 그리려고 했으나 "싫어요"라고 했음.'

아이가 매뉴얼대로 움직이지 않았다는 것은 '문제'가 아니라, 그냥 우리 아이를 더 잘 알 수 있는 '단서'일 뿐이다. 우리가 저지르는 모든 교육의 문제점은 '아이는 이럴 것이다' 혹은 '아이는 이래야 한다'는 우리의 편견에서부터 시작된다.

매뉴얼이 있는 교육이 무서운 이유는 첫째, 예측할 수 없는 아이를 예측해놓은 것이기 때문이다. 둘째, 예측대로 되지 않았을 때, 아이 혹은 엄마를 탓하기 쉬워진다. 답이라는 것이 이렇게 무섭다. 답이 존재하는 순간 틀림이 존재한다. 하지만 아이는 틀리지 않았다. 다를 뿐이다.

아이가 매뉴얼대로 되지 않는다고 엄마 스스로 탓할 필요도 전혀 없다. 아이는 어른의 뜻대로 움직이지 않게 설계되어 있음을 인정해야 한다. 내가 쓰고 있는 이 글이 또 하나의 답이 되어 엄마를 불안하게 만들길 원하지 않는다.

아들상자

'인생의 매뉴얼' 때문에 마음 고생해본 적이 있을 것이다. 모든 사람이 똑같은 단계를 밟고 똑같은 결과를 얻을 수 없는 것처럼, 아들 육아도 마찬가지다.

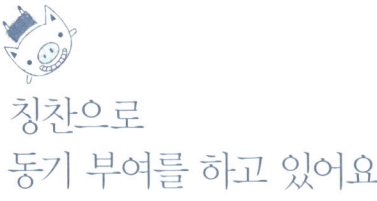

칭찬으로
동기 부여를 하고 있어요

엄마를 위해 공부하는 아이는 금방 무너진다.

　엄마와 아들이 나란히 그림 망치기 놀이를 하면 이런 효과가 있다. 아이가 자신이 흥미를 둔 대상에 몰입하는 시간이 길어져도 지치지 않는다. 그리고 자유롭게 표현함으로써 스트레스를 해소한다. 주체적으로 표현할 때는 누군가를 의식하지 않는 상태가 되기 때문에 자신의 깊은 내면을 거부하는 일이 거의 없다. 이는 곧 자존감을 탄탄하게 세워 올리는 효과와 연결된다. 아들에게 솔직한 몰입의 즐거움, 적나라한 표현의 즐거움을 알려주는 것은 탁월한 선택이 된다.

그렇다면 이와 반대되는 상황도 있을까? 물론 그렇다. 눈에 띄는 보상이 잦아지면 아이는 방향성을 잃는다. 그림 그리는 행위를 자신을 위한 행위로 인식하지 못하고 엄마와 선생님의 욕구를 좇게 되기 때문이다. 엄마를 위해 공부하는 아이는 오래가지 못한다. 지금껏 노력했던 것들이 수포로 돌아가는 것이다.

아이가 어떤 행동을 꾸준히 하기를 바라는 마음에, 자꾸 보상으로 아이를 유혹하려고 생각했다면 당장 멈춰야 한다. 이것은 난파된 배에서 바닷물을 마시는 행위와도 같다. 잠깐의 갈증을 해소해줄 수는 있지만, 이내 곧 더 큰 갈증을 불러일으킨다.

칭찬 스티커가 아주 잠시 아이의 행동을 이끌 수는 있다. 하지만 그 일에 대한 본질적인 즐거움을 빼앗는다. 밥을 먹는 일이 아이들의 본능이지만 밥을 먹을 때마다 보상을 하면 아들은 어느 순간 "밥 안 먹어!"라고 엄마를 협박하는 것과 같은 이치다. 이건 아이가 잘못된 인성을 갖고 태어나서가 아니다. 아이가 밥을 먹을 때마다 "이건 엄마를 위한 일이야. 밥 먹는 것은 힘든 일이니까 먹고 나면 보상을 해줄게"라고 무언의 메시지를 던져왔던 탓이다.

보상은 아이에게서 공동체 의식을 빼앗는다. 어울리기보다는 혼자 지내는 것이 편해지는 아이가 되기도 한다. 늘 내가 한 일에 대한 보상을 받아야 한다는 개념이 강하게 잡히면 다른 사람을 위해 무상으로 무언가를 해야 할 때가 있다는 것을 이해하는 데 어려움을 겪기 때문이다.

만일 아이가 어떤 과제를 싫어하게 만들고 싶다면 아이가 그 행동을 할 때마다 칭찬 스티커를 주면 된다. 가령 아이가 그림을 그릴 때마다 스티커를 주다보면 아이는 단기간엔 그리기를 좋아하겠지만 곧 스티커와 상품 없이는 그림을 그리고 싶지 않게 될 것이다. 아이가 공부를 할 때마다 고맙다고 말하거나 스티커를 준다면 공부는 엄마를 위해 하는 것이라는 인식이 생기고 어느 순간 공부로 엄마를 협박하는 순간이 올 것이다. 아이는 그간 엄마를 위해 그림을 그리고 공부를 해왔기 때문이다.

아들상자

눈에 띄는 보상이 잦아지면 아이는 방향성을 잃는다. 칭찬과 보상은 아이가 당연히 해야 하는 모든 일을 나와는 상관없는 일로 치부해버리게 만든다.

한 가지에 집착해서
헤어나오질 못해요

한 가지에만 집중하는 아이가 걱정되는 것은 당연하다. 하지만 아이에게 탐구력의 가능성이 있다고도 할 수 있다.

아이들에게 최대한 편안하게 그림을 그리게끔 하다보면 어떤 부분에 관심을 갖고 어느 쪽으로 뇌를 쓰는지 알게 된다. 주변인이 없는 곳에서 아무 압력 없이 편안하게 그린 그림은 솔직함 그 자체다.

아이 그림에는 아이가 가장 많이 본 것, 가장 인상 깊었던 것들이 드러나기 마련이고, 이런 것들을 오랜 기간 보다보면 아이의 관심사를 알게 된다. 예를 들어 엘리베이터나 문고리 등에 관심이 많은 아이들은 비슷한 원리가 들어간 그림을 자주 그리고 비슷한 것들을 동경한다. 이런 친구들에게는 무언가를 가르치기 전에 자신이 가진 관심사를 충분히 표현하도록 돕는 것이 중요하다.

도윤이라는 아이가 있었다. 말이 많고 쾌활한 아이였다. 특이하게도 엘리베이터와 숫자, 문고리에 관심이 많았다. 어머니와 상담을 해보니 다섯 살 무렵에는 하루종일 문을 여닫는 행동을 반복해서 혹시 자폐가 있는 것은 아닌가 하는 걱정을 할 정도였다. 물론 도윤이는 자폐아가 아니라 아주 똑똑한 친구였다. 그러나 좋아하는 것 외에는 다른 것들을 표현하는 데 흥미를 빨리 잃고 집중하지 않으려는 경향을 보였다. 무언가를 그려보자고 얘기하면 말을 돌리며 다른 쪽으로 방향을 전환하거나 흥미가 맞지 않으면 재미가 없다는 이야기를 종종했다.

이런 친구들의 그림을 끌어낼 땐 무언가를 가르치기 전에 자신이 가진 관심사를 표현하도록 돕는 것이 중요하다. 우리는 도윤이에게 무언가를 가르치는 대신에 도윤이가 가장 표현하고 싶어한 엘리베이터와 버튼 등을 최대한 반복해서 그릴 수 있게 도와줬다.

정해져 있는 문자를 쓰는 데에선 즐거움을 느끼지만, 그림을 그리자고 하면 숫자를 쓰거나 한자를 쓰거나 기호를 만들어 쓰는 아이들이 종종 있다. 이런 아이들에게는 문제가 있는

게 아니라, 무언가를 창작해서 자신이 새로운 것들을 표현하는 것에 익숙하지 않거나 그것을 어려워하는 친구일 뿐이라고 보면 된다. 도윤이가 그런 아이였다.

그림을 그리기 시작하는데 한자를 쓰며 "막을 '방', 쇠 '금', 불 '화'!" 하며 한자를 이용해서 그림을 그려내기 시작했다. 이것을 부정적으로 봐야 할까? 그렇지 않다. 이것 역시 미술의 영역이다. 먼저 이 아이가 어떤 성향을 가지고 있고 무엇을 두려워하는지를 아는 것이 중요하다. 이 친구는 창작에 두려움을 느낄 가능성이 높았다. 이것은 어른도 많이 겪는 문제다. 어머니들에게 흰 종이 위에 무엇이든 그려보라고 하면 꽤 많은 분들이 힘들어한다. 창작을 두려워하는 아이에게 문제가 있다는 시각 자체엔 정말로 문제가 있다. 이런 아이들에게는 무조건 창작을 강요할 게 아니라, 패턴이나 반복되는 문양을 그려보게 하면서 미술과 친해지게 만들어야 한다.

또한, 이런 친구들은 논리적인 성향이 발달했을 가능성이 높으니 아이가 원리와 논리에 입각해서 설명하는 습관을 갖도록 이끌어주는 것이 좋다.

그림에 사람을 주로 등장시키는 아이에 대해 이야기해보자. 남자아이들은 사람보다는 사물에 관심이 많고, 사람을 표현해도 표정보다 동작과 동세에 집중해서 그림을 그리는 경우가 보통이다. 그러나 일부 남자아이들은 사람의 표정과 상대방의 감정이 드러나는 그림을 그리기도 한다. 이런 아이들은 일반적인 남자아이들에 비해 조금 더 공감 능력이 높다고 유추해 볼 수 있다. 앞서 말했듯이 아이들은 많이 관찰했던 것을 그림에 등장시키는 경우가 일반적이다. 사람의 표정이 많이 등장하지 않는 아이들은 엄마의 얼굴이나 엄마의 감정 변화를 관찰한 경험보다 자신이 좋아하는 공룡이나 자동차를 관찰했던 시간이 압도적으로 많았다고 유추해볼 수 있다.

반대로, 무엇을 그리든 사람 표정이 등장하는 아이들의 유형을 보면, 엄마의 표정에 따른 감정 변화를 관찰하고 감지해 내는 경험이 많을 가능성이 높다. 상대방에게 관심이 많은 아이들은 자동차나 구름을 그려도 얼굴 표정이 등장한다. 이런 아이들은 다른 아이들보다 상대적으로 타인의 기분을 배려하고 관찰하는 경우가 많다. 이런 경우에는 아이를 지도하는 교사가 아이를 말로 조종하지 않도록 노력해야 한다. 그래야 남들의 시선을 의식하지 않고 진짜 자신의 성향을 찾을 수 있다.

인정받고 싶은 욕구가 높거나 강함을 동경하는 아이들은 강해 보이는 공룡이나 드래곤을 많이 그린다. 이것보다 더 결정적인 단서는 아이의 그림 옆에 비슷한 크기의 공룡이나 더 큰 공룡을 그려보면 알 수 있다. 교사 혹은 엄마가 옆에서 아이가 그린 것보다 좀 더 큰 것을 그려보자. 만일 아이가 상대방의 그림을 지나치게 의식하고 더 큰 그림을 그리려고 하거나 엄마가 더 크게 그리거나 잘 그렸다는 이유로 흥미를 잃어버렸다면, 아이가 가진 성향 중 인정받고 싶은 욕구와 승부욕을 최우선으로 고려하고 반편성을 할 필요가 있다. 아이보다 너무 잘하는 친구들과 붙여놓을 경우, 의기소침해지거나 다른 친구를 맹목적으로 따라 할 수 있기 때문이다.

특정 주제를 여러 번 반복해서 그리는 아이들도 있다. 남자 아이들 중에서는 자동차라든지 좀비, 좋아하는 게임에 등장하는 캐릭터를 반복해서 오랜 기간 그리는 아이들이 상대적으로 많은 편이다. 우리는 이런 친구들을 탐구력이 높은 유형이라 부른다. 이런 친구들은 한 가지에 좁고 깊게 빠져들어가는 성향이 일반적인 아이들보다 더 강하게 내재되어 있다. 태성이라는 아이가 그랬다.

태성이는 타이타닉이라는 배에 깊게 빠져 있는 친구였다. 여섯 살 때 타이타닉이 침몰하는 장면을 DVD로 지속적으로 돌려보게 해달라고 엄마에게 떼를 썼다. 태성이는 특이하게 배가 침몰하는 과정에 아이 특유의 탐구력이 발현되었던 것이다. 이런 친구들을 교육할 때는 아이가 갖고 있는 탐구력을 키워주려는 시도가 우선이다.

탐구력은 자칫보면 음식을 편식하는 것처럼 보일 가능성이 있지만, 다른 말로 하면 자신이 좋아하는 것을 끈덕지게 물고 늘어질 수 있는 가능성을 갖고 있다고도 할 수 있다. 그럴 때 어른이 해야 할 일은 이런 탐구력을 갖고 있는 아이의 가능성을 인정하고 긍정적으로 이끌어주려는 노력을 하는 것이다.

탐구력이 강한 아이를 위한 첫 번째 방법은 먼저 그 아이가 좋아하는 주제 중 어떤 부분에서 탐구력이 발현되는지를 찾아내는 것이다. 자동차를 좋아하는 아이라고 해서 모두가 같은 부분을 좋아하는 것은 아니다. 어떤 아이는 자동차 내에서도 바퀴의 휠에만 빠져 있고, 어떤 아이는 자동차 엠블럼에 빠져 있다. 다른 아이는 자동차가 사람을 태울 수 있다는 데 매료되기도 하고, 또 어떤 아이는 자동차가 빠르다는 것에만 빠져 있기도 하다. 이런 부분을 찾아내지 못하고 단순히 자동차를 좋아한다고만 생각해버리면 아이가 가진 성향을 가능성으로 발전시키는 데에 어려움을 겪는다.

반대로 아이가 자동차의 어떤 부분에 빠져 있는지를 찾아낸다면 아이의 관심사를 확장하는 일은 그리 어렵지 않다. 예를 들어 자동차 바퀴에 빠져 있는 아이는 바퀴가 더 많은 기차로 관심을 끌어갈 수 있을 것이고, 자동차가 빠르다는 것에 빠져 있는 아이는 자동차 내에서도 레이싱 자동차로 관심사를 확장할 수 있을 것이다. 그러나 만약 어른이 아이가 어떤 부분에 명확하게 매료되어 있는지 파악하지 못했다면 그냥 편식하는 아이로 잘못 판단할 수 있다.

이런 성향은 미술에서만 드러나지 않는다. 탐구력은 성적에서도 나타날 것이다. 탐구력이 좋은 아이 수백 명을 관찰한 결과, 성적이 불균형하게 나타날 수 있다는 것을 알게 되었다. 자신이 좋아하는 과목과 그렇지 않은 과목의 편차가 크다는 것이다. 예를 들어보자. 국어는 못하지만 과학에 깊게 빠져 있는 아이에게 우리가 저지르는 실수는, 보통 이런 것이다.

"아들, 아들은 국어를 못하고 과학은 잘하니까 과학은 그만하고 국어를 해보자."

엄마는 아이가 부족한 부분에 관심을 기울이기 마련인데, 탐구력이 강한 아이들에게는 엄마의 이런 조언이 의욕을 꺾는 결과로 연결될 수 있다. 탐구력은 타고난 성향이기 때문이다.

탐구력이 강한 아이를 두었다면 아이가 못하는 과목에 집중하는 것이 아니라, 이미 어느 정도 관심을 보이고 있는 영역에 집중해야 한다. 그래서 또래 연령을 벗어나는 수준까지 끌어올리는 노력이 더 높은 효율을 부를 수 있을 거라고 조언하고 싶다.

실제로 특정 부분에 탐구력을 갖고 있는 아이들은 적절한 교육을 만났을 때 또래 친구들을 훨씬 뛰어넘는 능력을 발휘하기 때문이다.

아들상자

똑같은 주제에 지속적으로 집착한다고 해서 모든 아이가 탐구력이 높은 것은 아니다. 어떤 아이들은 다른 주제가 자신이 없어서 한 가지에 몰두하기도 한다. 그런데 만일 아이가 한 가지 주제에 대해 통달하려는 듯이 즐겁게 반복해서 관찰하고 찾아낸다면 그것은 키워줘야 할 재능이다.

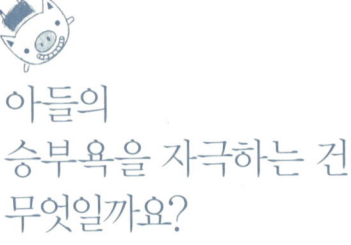

아들의 승부욕을 자극하는 건 무엇일까요?

인정을 갈구하는 마음은 남자아이의 타고난 성향이기도 하지만 1등에 집착하고 승부를 왜곡하는 행위는 어른들이 만든 아이의 모습일 수도 있다.

아이 자존감을 키워준다며 한껏 칭찬을 쏟아놓으면 아이 입장에선 인정받았다는 생각과 부담이 같이 몰려온다. "어유! 너무 잘했어. 우리 아들 진짜 최고다. 짱! 엄마는 아들이 대한민국에서 최고야!"라는 말을 듣고 나면 처음에는 '나는 사실 그렇게 잘하지 못하는데 엄마가 나를 잘하는 아이로 알고 있구나. 그럼 더 잘하는 아이가 되어야겠다'라는 생각을 하게 된다.

하지만 이런 긍정적인 효과는 오래가지 못한다. 이내 '어떡하지. 내가 못한다는 것을 들키고 싶지 않아'라는 생각으로 연결된다. 이때부터 아이 마음은 불편해지기 시작한다. 행여 엄마가 자신의 본모습을 볼까봐 걱정한다. 막연한 칭찬의 폐해다.

우리가 무심코 던졌던 칭찬의 무서움은 아이가 자신을 왜곡해서 인식하게 만들 수 있다는 점이다. 대단한 아이로 추켜세워짐을 받은 아이는 자연스레 평범해지는 것에 대한 두려움을 갖게 된다. 한 번 칭찬 세례에 길들여지고 나면 그 왕좌에서 스스로 내려오기가 상당히 힘들다. 자신을 왜곡되게 받아들이는 아이들의 특징은 자신의 본모습을 수용하지 못한다는 것이다. 예를 들어, 작은 일에도 쉽게 짜증을 내거나 그림이 원하는 대로 잘 되지 않는다며 울어버리는 아이들의 상당수는 자기 자신을 있는 그대로 받아들이지 못한 경우다. 상상속의 자기 자신과 경쟁하고 있는 것이다. 그래서 우리는 부정적인 말뿐만 아니라, 평소 아들에게 주었던 긍정적 기대와 칭찬에 대해서 알아볼 필요가 있다.

"아이고, 우리 민준이 정말 착하네."

아이를 착하다고 칭찬하는 행위에는 '나는 네가 착하다고 알고 있어. 그러니 내 기대를 깨지마'라는 메시지가 들어 있다. 칭찬은 단순히 긍정적인 생각을 불어넣어주는 도구가 아니다. 상대방을 평가하고 통제하는 무서운 도구이기도 하다. 말로 아들의 기분을 하늘 끝까지 닿게 할 수도 있지만, 반대로 눈치

보고 시키는 대로만 따라오게 만들 수도 있다. 일명 당근과 채찍 중 당근에 해당된다.

하지만 우리 아들은 동물이 아닌 독립적인 인격체요, 자신의 생각대로 살 권리가 있다. 무엇보다 학습의 효율을 따져보았을 때도 아이가 자신의 왜곡된 모습을 쫓지 않고 실제 모습에 직면하게 해줘야 할 필요가 있다.

어른의 입맛에 맞게 아이를 길들이려 하지 말고 손에서 채찍과 당근을 내려놓아야 한다. 대표적인 채찍과 당근은 칭찬, 비교, 평가다. 우리는 평소 칭찬과 비교라는 평가를 통해 아들을 길들이고 있었는지도 모른다. 우리는 부모가 자신을 다른 아이들과 비교해가며 말할 때의 기분이 어떤지 잘 아는 세대다. 게다가 칭찬이 승부에 집착하는 아들을 만들 수 있다는 것 또한 알게 되었다. 아들을 평가하는 일 자체를 줄여야 아들은 비로소 이기는 것과 1등의 집착에서 벗어날 수 있다.

그럼 도대체 어떻게 칭찬하라는 것일까? 지나치게 부정적인 말은 아이를 주눅 들게 하고, 과한 칭찬은 아이가 스스로를 왜곡시키고 자기 부정에 빠지기 쉽게 만든다.

아이에게 칭찬을 할 때 어른이 꼭 염두에 두어야 할 것이 있다. 바로 아이가 칭찬을 통해 편안하게 자신을 수용하고 적절한 난이도의 발전 상태를 이끄는 것이다. 아들이 스스로를 왜

곡시키는 대화는 이런 것이다.

"우아, 우리 아들 잘했네. 역시 우리 아들은 못하는 게 없구나!"

"이야, 이건 엄마도 이렇게 못할 것 같은데?"

이 한마디가 타인의 인정에 굶주린 아이에게 어떤 역할을 하는지 다시 한번 살펴보자. 먼저 실패할 가능성이 있는 다른 일에는 시도하지 않으려고 한다. 처음 본 활동은 잘할 수 있을 것 같은 느낌이 들 때까지 시도하지 않는 아이들이 그런 예다. 주로 칭찬을 많이 받았던 아이들이다. 주로 인정을 받았던 기억이 뚜렷해서 명성을 유지하기 위해 시도하지 못했다는 것을 기억할 때, 우리는 이런 칭찬을 쉽게 해서는 안 된다.

그렇다고 "그게 아냐, 그렇게 하면 안 돼. 아니! 조금 더 이렇게 하란 말야"라는 식의 부정적인 피드백을 하면, 아이의 자존감을 무너뜨릴 수 있다. 아이가 스스로 해낼 수 있다는 자신감을 빼앗아가기 때문에 이런 피드백은 적절하지 않다. 자신을 왜곡시키지 않으면서 긍정적인 자기 발전을 이루는 데 도움이 되는 피드백은 이런 방식이다.

"와, 언제 이렇게 관찰했니?"

"와, 이건 한 번도 못 본 건데 언제 이렇게 도전했니?"

"혹시 실패할까봐 두렵지 않았니?"

다소 말을 어렵게 했지만 그냥 있는 그대로 아이를 수용하는 피드백을 하자는 것이다. 아니, 말을 떠나서 눈빛과 말투, 모든 행동을 통해 '우리는 너를 평가하지 않아. 사람들의 눈을 두려워하지 않고 너를 솔직히 보여주는 것이 진짜 용기야'라는 메세지를 전달하는 것이 중요하다. 아이들은 스스로 자라는 존재들이기 때문에 그렇다. 믿어라. 우리가 종용하지 않아도 그들은 충분히 스스로 솟아날 힘을 비축하고 있는 존재들이다.

아들상자

아들을 평가하는 말을 줄이자. 그제야 아들은 이기는 것과 1등의 집착에서 홀가분하게 벗어날 수 있다.

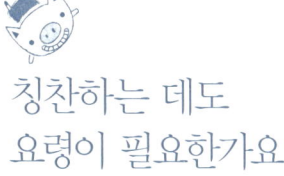

칭찬하는 데도
요령이 필요한가요

어른들이 아이에게 하는 칭찬 중에는 격려와 기쁨의 말보다 평가와 기대의 말이 더 많다. 단지 아이를 격려하는 차원에서 해왔던 칭찬들이 아이에게 어떤 영향을 미치고 있는지 생각해보아야 한다.

남자아이를 지속적으로 관찰하며 느꼈던 칭찬의 영향에 대해 좀 더 이야기해보고자 한다. 대부분의 아들맘은 아이가 그림을 잘 그렸을 때, 혹은 미술 놀이를 계속하기를 바랄 때 이렇게 칭찬한다.

"이야, 진짜 대단하다. 넌 어쩜 이렇게 잘하니?"

"어이구 우리 민준이. 우리 민준이는 어쩜 이렇게 잘 그릴까?"

아이를 칭찬하면 아이의 자존감이 높아지기도 하고, 능률이 오른다는 이야기가 있다. 일부분은 맞는 말이다. 하지만 아이를 정확하게 칭찬하지 못하고 그저 어른이 원하는 방향대로 아이가 따라와주기를 바랄 때 이런 칭찬이 튀어나온다.

앞의 두 문장은 어른들이 가장 많이 하는 칭찬의 잘못된 예다. 이런 피드백을 지속적으로 아이에게 하면, 어느 순간 아이는 부담을 느끼고 그 일을 피하는 지경에 이르게 된다.

예를 들어 아이가 공룡을 그렸다고 해보자. "와! 정말 대단하다! 진짜 잘 그린다"라고 지속적으로 칭찬하면 아이는 자신의 진짜 실력과는 무관하게 스스로를 그림 잘 그리는 아이로 착각하게 된다.

단기적으로는 아이 얼굴이 의기양양해지고 열심히 그림도 그리고 자존감이 솟는 것처럼 보일 수 있다. 문제는 다음 그리기 시도 때에 생긴다. 다음 날 흰 종이에 그림을 그려보라고 하면 예전과는 달리 칭찬이라는 목표 의식이 그림 그리는 동기를 지배하게 되고 어제의 칭찬을 갈망하게 된다.

칭찬받기 위한 그림을 그리는 아이는 새로운 시도가 눈에 띄게 줄어든다. 어제 칭찬받았을 때의 그림을 넘어서지 못하게 된다. 칭찬을 받겠다는 목표가 생긴 후 오히려 자신에게 집중하지 못하는 것이다. 아이들을 접하다보면 비슷한 그림을 기계적으로 똑같이 그려내는 아이들이 종종 눈에 띄는데 과거에 한 번이라도 칭찬을 받았던 그림을 반복하는 경우가 많다. 과한 칭찬이 아이의 발목을 잡는 것이다.

이 단계가 심화되면 결국 아이는 자신 없는 그림은 더 이상 그리지 않으려고 요리조리 피하기도 한다. 아이에게 무언가를 지시했을 때 아이가 피하기 시작한다면 아이의 학습 동기가 교육자의 칭찬에 머물러 있지는 않은지 확인해봐야 한다.

그렇다고 매번 입을 틀어막으며 칭찬을 아낄 필요는 없다. 여기서 이야기하는 칭찬의 부작용은 맹목적이고 지속적일 때 생겨난다. 평소에는 과하지 않은 선에서 구체적으로 칭찬을 해보자.

"너는 마음만 먹으면 잘하는 애야. 마음을 안 먹어서 그렇지 하면 잘해."

이런 칭찬은 기죽지 말고 계속 시도하라는 의미로 하는 대표적인 칭찬 중 하나다. 그러나 이런 말을 듣는 아이는 어른들이 의도와 다르게 받아들인다. 그 결과로 '나는 하면 잘하겠구나. 한번 열심히 해보자'라고 생각은 하지만 열심히 하지 않는다. 오히려 계속 노력하지 않는 모습을 보인다. 이유는 이렇다. 아이는 계속해서 엄마나 교사가 평가했던 '하면 잘하지만 아직 하지 않은 상태'를 유지하고 싶기 때문이다. 그런 칭찬과 격려를 받을 때 아이의 내밀한 마음에서는 열심히 해도 잘한다는 소리를 듣지 못할까봐 걱정이 든다. 그러니 이런 칭찬은 하지 말아야 할 말 중 하나다.

그러나 이런 칭찬은 가능하다.

"자동차를 그렸구나? 언제 이렇게 관찰을 했어? 평소에 관찰을 많이 했네!"

아이가 어떤 과정을 거쳐 무엇을 그렸는지 관심을 가진 어른이 아이에게 해줄 수 있는 말이다. 아이가 하는 행동에 어떤 노력이 숨어 있는지를 파악한 뒤 하는 말이기 때문에, 아이는 새로운 노력이 가치 있다고 느끼게 된다. 또한 칭찬을 해준 상대와도 정서적으로 가까워진다. 이런 칭찬을 받고 나면 아이는 상대방이 자신에게 많은 관심을 갖고 있고 자신의 노력이 공정하게 평가되고 있다고 느낀다.

무엇보다 이런 칭찬이 아이의 자존감을 올려주는 긍정적인 역할을 한다. 결과물에 대한 압박감과 어른의 평가에 관한 부담에서도 아이가 자유로워질 수 있다. 승부욕이 강한 남자아이에게는 더없이 적합한 칭찬이자, 어른과 아이가 교감할 수 있는 지혜의 말이 되어준다.

무조건 이기려고 하거나 인정 욕구가 강한 남자아이가 있다면, 어른이 칭찬을 하기 전에 고민할 줄 알아야 한다. 혹시 지금 "잘했다!"라는 맹목적인 말을 하려던 것은 아닌지, 다음을 위해 계산적으로 아이에게 사기를 북돋는 것은 아닌지. 아이의 과정을 알아보아주는 격려를 하자. 평가에 민감하고 타인의 시선을 의식하는 아이가 새로운 시도를 할 때 두려움을 낮춰주고 용기 있는 아이로 성장하는 데 도움을 준다.

아들상자

아이의 과정을 알아보아주는 어른의 말이 아이를 성장시킨다. 그리고 그 아이가 자라 또 다른 아이에게 좋은 어른이 되어줄 것이다.

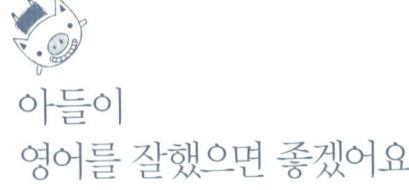

아들이
영어를 잘했으면 좋겠어요

눈에 보이는 교육에 집중하다가 중요한 것을 잊는 경우가 생긴다.

"하고 싶은 거 하면서 행복하게 살게 하는 게 중요한 것 아니겠어요? 기본적인 교육도 그런 걸 찾았을 때 잘할 수 있게 하려고 해주는 거고."

요즘 엄마들과 상담하다보면 5년 전과는 육아 방식이 전혀 달라졌다는 것을 느낄 수 있다. 5년 전에는 입시와 점수에 연연하지 않고 아이의 성장에만 집중하는 이상적인 교육이 유행이었다. 이것을 머리로는 이해하면서도 성적을 좌시할 수 없어서 행동으로 옮기기 힘들다는 엄마들이 많았다.

지금은 다르다. 지금의 육아 현장에서 만난 엄마들은 시대가 변화했다는 것을 체감할 수 있을 정도로 혁신적인 생각을 많이 한다. 그리고 행동으로 옮겨낸다. 정보력이 높아졌기 때문일 수도 있고, 전혀 다른 세대가 등장했다고 볼 수도 있다.

지금의 엄마들은 아이의 미래를 쉽게 단정 짓지 않는다. 아이가 표현하고 싶은 것, 배우고 싶은 것을 만났을 때 어려움 없이 그 일을 해낼 수 있는 환경을 만들어주고자 노력한다. 이런 분위기는 내가 있는 자라다남아미술연구소의 지향점과도 같다. 그래서 이런 아들맘들을 만나면 반갑고 기쁘다.

육아 방식이 아무리 변했다고 하더라도, 모든 게 바뀐 것은 아니다. 변하지 못한 것들은 아직 많다. 대표적인 것이 영어 교육이다. 요즘에 영어 못하는 아이는 없으니 일단 영어는 기본으로 가르친다. 아이가 대화를 잘하고 발표를 잘해야 자신이 주장하고 싶은 것이 생겼을 때 말을 잘할 수 있을 테니 언어 교육에도 집중한다. 물론 조기에 하는 영어 교육이 나쁘다는 뜻은 아니다. 무엇이든 아이가 배운다는 것은 좋은 일이다. 다만 걱정은 눈에 보이는 교육에 집중하다가 중요한 것을 잃어버리는 경우가 생기기 때문이다.

요즘 아이들을 만나다보면 영어 한마디 못하는 애들이 없다. 거기다 발음은 학원에서 문법만 10년 공부한 기성세대보다 낫다. 특히 여자아이들은 감탄할 정도다. 물론 나중에는 어느 정도 균형이 맞지만 성장기에 있는 남자아이들은 여자아이들 좇기가 충분히 어려울 수 있다. 그래서 나는 남자아이들에게 영어를 가르칠 때 교육의 기준이 여자아이에 맞춰지면 안 된다고 말한다.

사실 영어 교육에서 가장 큰 문제는 영어로 전달하고 싶은 말이 없다는 데 있다. "뭘 만들고 싶어?" "종이에 네가 좋아하는 거 아무거나 그려볼래?"라는 질문에 외워둔 그림을 그리거나 대답 정도만 할 뿐, 진짜 자신의 생각을 표현하는 일이 익숙하지 않은 아이들에게 이런 현상이 종종 나타난다.

누군가는 "영어 교육은 부모의 몫이고 하고 싶은 말을 찾는 것은 아이들의 몫입니다"라고 말할 수도 있다. 하지만 교육 현장에서 많은 남자아이들을 만나다보면 하고 싶은 것이 없는 아이들이 늘어나는 것을 피부로 느낀다.

얼마 전, 인터넷에서 동영상을 찾아보다 감탄할 만한 영상 하나를 본적이 있다. 한국의 어느 남자 고등학생이 수학 문제집이 아닌 활을 만드는 경험을 토대로 테드에서 강연을 한 것이다. 전 세계에서 가장 영향력 있는 강연 프로그램 중 하나인 테드에서 한국인이 강연한 것도 대단한 일인데 고등학생이라니! 강의를 보다가 '나는 고등학교 때 뭐하고 있었나' 하는 생각이 들 정도로 전달력이 좋았다. 자세히 들어보니 억양, 몸짓, 발성, 단어 등을 사용함에 있어 기교 없이 간결했다. 오로지 자신이 전달하고자 하는 메시지에만 집중하고 있었다. 자신이 세상에 외치고 싶은 생각을 전달하기 위해 프레젠테이션을 배우는 사람과 프레젠테이션 기술이 뛰어난 사람이 남의 이야기를 자신의 이야기인양 전달하는 데에는 넘어설 수 없는 본질적인 차이가 있다. 나는 그 학생의 모습에서 이야기의 진정성을 느꼈다.

종종 우리는 아이가 정말로 좋아하는 것을 찾았음에도 불구하고 기뻐하지 않는다. 대신 고민을 한다. '사슴벌레를 좋아하는 게 성적에 도움이 될까? 이게 나중에 전망이 있을까?'를 걱정해보고 계산해본다. 하고 싶은 것은 나중에 찾고 일단 하고 싶은 게 생겼을 때 이룰 수 있도록 성적부터 만들어놓는 게 좋다는 생각을 한다. 아이에게 사슴벌레는 이제 그만 키우자고 제안한다. 결국 하고 싶은 것을 빨리 찾은 아이 몇몇은 순전히 어른들의 두려움 때문에 하고 싶은 말을 찾는 데 실패한다.

이런 선택의 기로에서 그 남학생은 과감히 문제집을 던져버리고 활을 만들기 시작했다. 나무 여러 종류를 만져보고 자르고 옥상에서 불까지 질러가면서 활을 만든 그 남학생은, 결국 활에 매료될 수밖에 없었던 자신의 삶을 이야기로 들려주기 위해 15분간 영어로 말하기를 준비했다. 그리고 세상 사람들을 집중시킬 수 있을 만큼 영어에 매진해서 좋은 반응을 얻었다. 자신의 삶이 진정성 있는 단어와 문장으로 고스란히 사람들에게 전달된 것이다.

미래를 염두에 두고 영어를 기능적으로 미리 공부하는 것과 지금 당장 내가 사람들에게 하고 싶은 말이 있어서 영어를 공부하는 데에는 엄청난 차이가 있다. 외국어를 배울 때 자신의 생각과 주장을 전달하기 위한 도구라는 자각 없이, 전달하는 기술만 잘 배운 아이들은 유능한 통역사와 비슷해진다. 자신의 이야기가 빠져 있기 때문이다. 통역사 또한 훌륭한 직업이니 그 일을 선택하고 싶어한다면 당연히 부모로서 아이의 꿈에 밑바탕이 되어줘야 할 것이다.

하지만 남들이 다 잘하니까 우리 아이도 잘하기를 바라는 마음으로 영어 교육을 시키고 있다면, 중요한 것을 놓치고 있지는 않은지 돌아보자. 물론 남들이 다 하는 걸 하지 않을 때는 언제나 용기가 필요하다.

공부를 잘하던 아이가 공부를 내려놓고 활을 깎기 시작했을 때 부모 심정이 어땠을까? 두려움과 공포 그 자체였을 것이다. 보통의 아이들이 공부를 잘하다 문제집과 펜을 내려놓고 활을 깎기 시작하면 부모는 보통 이런 생각을 하기 시작한다.

'과연 활을 만드는 게 아이 진로에 어떤 도움이 될까? 한국 활제작협회에 취직하는 길이 열릴까? 아니야 이건 결국 힘든 길이야. 어떻게든 말려야겠다.'

지금까지 이런 생각으로 아이의 순수한 관심이 위대해지는 것을 막고 있지는 않았는지 모두가 생각해봐야 한다. 물론 모든 아이가 테드 무대에 설 수는 없다. 이것은 남자아이의 학습 효율을 올리는 순서의 문제이기도 하다. 자기주도 성향이 강한 남자아이들일수록 "일단 공부부터 하고 하고 싶은 건 나중에 찾아!" 보다 "먼저 하고 싶은 걸 필사적으로 찾아. 그리고 거기에 맞는 걸 공부하자"라고 말해주는 것이 상황에 좀 더 적합할 수 있다는 뜻이다.

실제로 축구만 죽어라 하는 아이에게 영어를 가르치려고 매일 같이 전쟁을 치르는 엄마와 상담한 적이 있었다. 이 문제는 아이의 꿈을 물어보는 것만으로 간단히 해결되었다. 아이의 꿈은 스페인 리그에서 뛰는 것이었고 나는 "스페인 리그에서 뛰려면 팀원들과 스페인어나 영어로 대화를 나눌 수 있어야 하는데?"라는 한마디를 했다. 아이는 그 길로 스페인어와 영어를 배우겠다며 눈에 불을 켰다.

미술을 전공한 어머니들과 상담할 때 나는 이런 이야기를 자주 듣는다.

"저는 아이를 절대 미술 전공하게 할 생각이 없어요. 이 길은 진짜 힘든 길이고 비전이 없거든요."

이런 말은 핵심을 놓친 이야기다. 테드에서 강연한 남학생이 활이라는 주제를 통해 자신을 세상에 알렸듯이, 미술은 인생의 도구가 될 뿐이다. 미술 자체가 아이의 진로를 정해주는 것은 아니라는 뜻이다. 고등학생 연사의 영어가 아주 유창하지 않았음에 불구하고 대화가 꽉 차 있다는 인상을 주고, 세계 최고의 강연 무대라고 해도 부족함이 없는 테드에 올랐다는 것은, 말하기의 기술보다 전달하고 싶은 진실된 이야기가 있었기 때문이다. 하지만 어떤 어머니들은 '아, 어떤 커리큘럼으로 가르쳤기에 저렇게 영어를 잘하나?'라고 생각하지 않았을까? 고등학생 연사가 어떤 프로그램으로 배웠든 우리 아이에게 그 방법이 먹힐 리가 만무하다. 그보다는 '우리 아이는 어떤 말을 하고 싶은 아이인가'에 대한 관심을 기울여야 한다. 모든 답은 그곳에 있기 때문이다.

나는 내가 만나는 모든 남자아이와 이 책을 읽은 모든 아들맘이, 그림을 잘 그리기보다는 진솔한 그림을 그리길 바란다. 그리고 "오늘은 뭘 해보고 싶어?"라는 질문이 두려운 아이로 자라지 않기를 바란다. 능력은 뛰어난데 무엇을 해야 할지 모르는 반쪽짜리 인재가 되지 않도록, 영어는 잘하는데 영어로 표현하고 싶은 게 없는 아이가 되지 않기를 희망한다.

오늘 저녁 아이와 손을 잡고 동네로 나가보자. 폐품을 한아름 주워 와서 아이 손에 장갑을 끼워주고 글루건을 쥐어주고 무얼 만들지 알려주지 말고 먼저 물어보자. 한마디면 된다.

"너 이걸로 뭐할 수 있어?"

어른들은 마음이 급급하다. 느긋하기엔 그동안 들여온 세상의 험난함이 떠오르기 때문이라고 생각한다. 그래서 남들보다 좀 더 잘하는 아이로 기르기 위해 바쁘게 내달리고 있다.

이제 아이가 원하는 것이 부모님과 함께 내달리기가 맞는지 생각해봐야 할 차례다. 그동안 무엇인가를 가르쳐주려고는 해왔지만, 아이가 정말로 가지고 있는 재능이 무엇인지, 무엇에 흥미를 느끼는지를 묻지 않았다면 이번 기회에 대화를 시도해보자. 유창하게 말을 잘하는 아이보다는, 자신이 좋아하는 것을 한껏 경험해보아서 이야기를 풍성하게 만들 수 있는 아이가 될 수 있도록 돕자.

아들상자

어렸을 때 하는 언어 교육이 나쁘다는 뜻이 아니다. 말의 기술보다는 자신의 이야기가 풍부한 아이로 자랄 수 있도록 고민해보자.

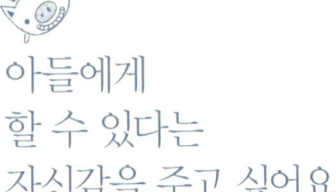

아들에게
할 수 있다는
자신감을 주고 싶어요

또래에 비해 발달 정도가 느린 아이도 자신의 상태를 어렴풋 알고 있다. 그럴 때 어른이 다그치거나 자존심을 상하게 하면 아이는 마음을 닫고 멈춰버린다.

재훈이는 열 살이다. 내가 재훈이를 처음 만났을 때 본 아이의 얼굴이 잊히지 않는다. 눈에는 힘이 빠져 있었고 세상이 다 귀찮다는 표정이 역력했다.

"재훈아, 너 미술 좋아해?"

예상대로 재훈이는 대답 대신 힘없이 고개를 가로저었다. 이 때 옆에 있던 선생님이 목공소에서나 볼만한 거친 나무토막을 가지고 왔다. 아이에게 나무를 보여주며 "자를 수 있니?"라고 물었다. 이번에는 아이가 대답을 하지 않았다. 우리는 궁정적 신호로 받아들이고 나무를 자르는 데 필요한 키 작은 나무 의자를 바닥에 놓은 채 한쪽 발로 나무를 밟았다. 아이에게는 장갑을 끼고 오라고 했다. 별말 없이 장갑을 끼는 모습을 보며 재훈이가 아주 약간 마음을 열었다는 걸 느낄 수 있었다. 싫지만은 않다는 뜻이었으니까. 아이는 선생님 지시에 따라 톱질을 시작했다.

초등학교 3학년에게 톱질은 쉬운 일이 아니다. 톱질을 하는 동안 방향이 달라질 수도 있고, 톱을 똑바로 잡지 않으면 톱이 나가지 않아서 나무 사이에 끼어버리기 때문이다. 선생님은 아이가 톱질에 실패할 때마다 아이를 나무라지 않고 어떻게 해야 톱이 잘 나가는지만 알려줬다. 그리고 나무를 다 자를 때까지 지치지 않도록 아이를 복돋웠다.

오랜 시간 끙끙거리던 재훈이가 포기하고 싶어할 무렵, 나무가 툭 떨어지며 완전히 잘려나갔다. 재훈이 입에서 낮은 탄식이 나왔다. 아이는 선생님 반응도 궁금했는지 반사적으로 휙 뒤돌아 선생님 눈을 바라봤다. 이때, 선생님은 위대한 일을 해낸 남자를 목격한 듯이 감탄했다. 그렇게 재훈이를 독려했다.

1시간 후 재훈이는 엄마를 만나자마자 자신이 톱질해서 만든 작품을 보여주기 시작했다. 작품 자체는 볼품이 없었지만 아이는 작품보다 톱질에 성공했다는 사실에 만족했다.

시간이 좀 더 지난 뒤 센터에서 재훈이 어머님과 이야기할 자리가 있었다. 그날 아이는 집에 가는 차 안에서부터 하루 종일 만나는 사람마다 자신이 자른 목재 작품을 보여주었다고 했다.

이전까지 재훈이는 이른 사춘기가 온 듯이 엄마와 갈등이 심했다. 맞벌이를 하느라 아이와 시간을 온전히 보낼 수 없었던 엄마는 짧은 시간에 숙제 검사와 시간표 체크 등, 재훈이에게 필요한 말들만 급하게 전달했다.

또래 아이들에 비해 말주변이 없고, 언어 감각도 조금 느린 속도로 발달하고 있던 재훈이에게 언젠가부터 어머니는 언성을 높였다. 그러다 재훈이의 친구들 앞에서 아이를 과하게 혼냈고, 그날을 기점으로 눈에 띄게 재훈이가 입을 닫아버려 걱정이 많다고 했다. 간혹 힘을 내라는 의미로 맛있는 걸 해주거나 같이 놀아주려 해도 예전처럼 활발하지 못해 걱정이 많았고, 말을 조리 있게 잘하는 방법도 가르쳐보았지만 소용이 없었다는 재훈이 어머니의 하소연을 들을 수 있었다.

"정말로 우리 아들이 달라졌어요."

톱질 사건 이후로 재훈이는 달라졌다. 매주 톱질을 하거나 글루건을 이용해 작품을 만들었고, 엄마에게 매번 자기 작품을 설명하면서 소통이 시작됐다.

아이에게 필요했던 것은 말하는 방식을 알려주는 것이 아니라, 실제로 자신이 무언가를 해낼 수 있는 존재라는 것을 알리는 작은 성공이었던 것이다.

아들상자

 때때로 아들에게는 어른이 사용하는 연장을 혼자 힘으로 쓰고 완성품을 만들어보게 하는 일이 용기를 준다. 온전히 아이 힘으로 이뤄낼 수 있게 독려해, 그 일을 완성하는 경험은 자존감 높이기를 위한 어떤 활동보다 긍정적인 영향을 준다.

독서 습관을 들이려면
어떻게 해야 할까요

육아와 공부에는 공통점이 있다. 말로 설명할 수 없는 영역이 존재한다는 것. 특히 아이가 학습을 시작해야 하는 단계에서 그렇다.

"선생님. 저는 정말 내 아들 속을 모르겠어요. 남편도 책을 좋아하고 저도 평소 읽는 모습을 보여주는데 이 녀석은 도무지 책을 읽지 않아요."

없는 형편에 비싼 돈을 들여 전집을 사줬는데 거들떠보지도 않고 먼지만 쌓여가서 답답하다면 어떻게 해야 할까?

육아와 교육 방식은 점점 진화하는데 배움에 뜻이 없는 듯한 아이들은 늘 존재한다. 새로운 백신이 나오는 데도 바이러스가 진화하는 바람에 이따금 속수무책인 것처럼, 엄마 말을 안 듣는 아이도 마찬가지다. 엄마가 아무리 육아를 공부해도 아이들의 말썽은 해가 지날수록 진화한다. 특히 경쟁심이 강한 형제 둘을 키우는 엄마 입장에서 보면 더 그렇다. 딸만 키우는 어른은 아들맘의 고충을 이해하기 어렵다.

가끔 어떤 전문가는 "엄마가 몰라서 그런 거지, 시키면 합니다"라고 문제를 일축해버리기도 한다. 하지만 아이들이 기계인가? x와 y를 넣으면 z가 나오는 공식으론 아이에 대해 말할 수 없다. x와 y를 넣었는데 어떤 아이는 a가 나오고 어떤 아이는 b가 나오는 게 아이들이다.

한번은 자기주도 성향이 무척이나 강한 재승이에게 꼭 보여주고 싶은 영상이 있어서 비슷한 또래가 만들기를 하는 강의를 보여줬다. 아이의 만들기 관심사가 분명해서 잘 맞을 거라 생각했는데 의외로 재승이는 시큰둥하다 못해 하품을 쩍쩍해댔다. 아이의 호기심을 끌지 못한 것 같아 영상을 끄고 다른 수업으로 넘어갔다. 그리고 한 달 후 쯤 재승이가 나를 붙들고 이렇게 말했다.

"선생님, 저 굉장한 영상을 발견했어요!"

당황스럽게도 재승이가 발견한 영상은 내가 한 달 전에 보여준 그것이었다. 아이는 나에게 침을 튀기며 설명하기 시작했다. 내가 보여줬던 영상이라는 것 자체를 기억하지 못했다.

헛웃음이 났지만 사실 이런 일은 자라다남아미술연구소에서 흔한 에피소드에 불과하다.

가르침과 배움에는 말로 설명할 수 없는 영역이 있다. 똑같은 영상인데도 불구하고 누가 어떻게 찾아서 보여주었는가에 따라 의미와 효과가 크게 바뀐다. 어떤 사람이 찾아서 보여준 영상은 나를 바꾸려고 하는 의도로 느껴지기도 하고, 내 손으로 찾아보게 된 영상을 남들에게 보여줄 때는 직접 다른 것들도 공부해서 오는 게 아이들이다. 특히 자기주도 성향이 강하고 인정받고 싶은 욕구가 높은 녀석들일수록 무언가를 가르치기가 쉽지 않다.

아마 집에서도 이런 일은 빈번할 것이다. 아이가 좋아할 만한 전집을 사다놓은 엄마는 마음이 뿌듯하다. 아이가 책장 앞에 앉아서 독서에 몰입할 풍경을 상상하며 설레기도 할 것이다. 부푼 마음을 안고 아이를 책꽂이 앞에 앉혀놨을 때 엄마의 꿈은 산산조각이 난다. 억지로 책을 읽히면 아이는 하품을 하다가 도망가버리기 때문이다. 그런데 그 녀석들이 어느 날은 시키지도 않았는데 조용히 혼자 책을 읽고 있을 때가 있다.

아이가 말을 배우고 단어를 배워가면서 표현력이 조금씩 풍부해지면, 엄마는 아이에게 독서 습관이 생겼으면 하고 바라게 된다. 그럴 때 엄마들이 가장 많이 듣는 조언은 '아이가 책상 앞에 앉는 데에 거부감이 없게 해야 한다'는 말일 것이다.

하지만 그 조언을 다른 상황에 빗대어보면, 말에게 물을 먹이기 위해 물가로 데려가 목을 움켜잡고 주둥이를 냇물에 담구는 행위와도 비슷하다. 말의 주둥이를 냇가에 억지로 담구면 물을 쭉쭉 마시는 듯해서 뿌듯함은 느낄 수 있겠지만, 말은 이 경험을 통해 냇가에 가는 것 자체를 두려워할 수도 있다. 엄마가 어떻게든 아이를 책상에 앉혀놓으면 잠시 뿌듯함에 취할 수는 있지만 아이는 그 일을 계기로 책을 싫어하게 될 수도 있다. 그렇다면 어떤 지혜를 발휘해야 할까?

다시 말 이야기로 돌아가보자. 말에게 물을 먹이기 위해서는 두 가지가 필요하다. 하나는 말이 너른 들판을 실컷 뛰게 해주는 일. 다른 하나는 말이 목마르다는 표현을 할 때 냇가로 데리고 가는 일. 이 두 가지 조건만 충족시키면 된다. 냇가에 데려가는 것은 우리 일이지만 물을 마시는 것은 말의 자유다. 물을 마시지 않는다고 주인이 자책할 필요는 없다. 책값이 아까워 속을 끓일 필요도 없다.

만일 아들에게 모든 요건을 갖춰줬는데도 불구하고 책을 읽지 않더라도 조바심을 낼 필요가 없다. 그냥 다시 한 번 점검해보면 된다. 책에서 얻을 자극을 TV와 스마트폰에서 얻고 있는 것은 아닌지, 사슴벌레나 자동차처럼 아들이 열정적으로 탐구하는 대상이 있어 책을 읽을 여유가 없는 것은 아닌지, 집에 구비되어 있는 책이 아이의 관심사가 맞는지 점검해봐야 한다.

아들에게 무언가를 열심히 가르쳐도 안 될 땐 내려놓자. 아들이 무언가를 열심히 하는 것은 엄마가 잘한다고 되는 것이 아니다. 책 읽기 완벽한 상황을 만들어줘도 아들은 읽지 않을 수 있다. 우리의 영역이 아닌 걸로 좌절하고 있다면 그것은 감정 낭비일 뿐이다. 잊지 말자. 독서 환경을 만들어주는 일은 엄마의 몫이고 읽는 것은 아이의 몫이다.

아들상자

책은 스마트폰과 TV에 비해 아이를 자극하는 강도가 약한 것이 사실이다. 집에 있는 책들이 아이의 관심사와 잘 닿아 있는지 살펴보자.

친구들과 욕을 하면서 노는 아이, 정상일까요

언어 감각이 어느 수준에 이르게 되면 아이는 단어와 표현을 금방 학습해온다. 성장기 아이에게 언어는 전염병과도 같다.

남자아이들은 욕을 언제 접할까? 중학생 때부터? 아니다. 엄마들이 알고 있는 아이가 욕하는 평균 연령과 실제 아이들이 욕을 접하는 연령은 현저하게 차이가 난다. 간혹 엄마가 바른 말을 쓰면 아이는 욕하지 않을 거라 생각하는 엄마들도 있지만 그렇지 않다.

언어는 전염병처럼 빠르게 전염되기 때문에 유치원에서 같은 반 쉰 명 중 한두 명만 욕을 해도 나머지 아이들이 배우는 건 시간문제다. 삽시간에 퍼지고 만다. 엄마가 아무리 예쁜 말을 사용해도 충분히 욕을 접할 경로가 있다는 뜻이다. 엄마가 없는 자리라면 길을 가다가도 친구들끼리 욕하는 건 예사다. 초등학생 아이들이 종종 모여 게임을 하는 학교 근처 PC방에 앉아 있다보면 상상을 초월하는 욕설이 난무하는 걸 알 수 있다. 그러나 아이들은 욕을 배우는 능력만큼 부모 앞에서 숨기는 능력도 탁월하다. 내 아이가 욕을 한다는 사실을 동네 사람들 다 아는데 엄마만 모르는 경우가 대부분이다.

"아이. 씨ㅇ."

글자로만 봐도 충격인데 아들의 입에서 직접 나오는 그 말을 듣는 첫 순간의 충격은 얼마나 클까? 상담하다 만난 몇몇 어머님들은 아들의 욕을 처음 들었던 순간 이성을 잃을 뻔 했다고 한다. 곧바로 다그치기는 해야겠다는 생각은 들지만, 마음의 준비가 되지 않은 상황에서 정리되지 않은 말을 하려니 고작 나간다는 말이 볼품없었다는 경험담은 공통적이었다.

"너 어디서 그런 말 배웠니?"

"아, 뭐요. 반 애들 다 한단 말이에요."

만일 정말 이런 반응이 나온다면 어떡해야 할까? 손은 덜덜 떨리는데 이렇게 대들면 뭐라고 해야 할까? "너 그런 말하다 보면 정말 나쁜 사람 되는 거야"라고 말해야 할까? 아니면 "너 다른 애들이 다 쓴다고 너도 쓰니? 다른 애들이 죽으면 너도 죽을래?"라고 말해야 할까? 아마도 두 가지 대응 모두 "아, 알았어요. 앞으로 안 할게요"라고 입으로는 말할 수 있어도 진정한 뉘우침을 주기는 쉽지 않을 것이다.

게다가 아이들은 생각보다 잘 감추기 때문에 엄마가 아들의 욕을 들었을 땐 이미 욕을 해본 경험이 처음이 아닐 가능성이 높다. 엄마가 당황하는 순간에 자신이 어른이 된 것 같은 착각을 하고는 은근한 쾌감을 느끼는 아이도 있다.

상담을 하다보면 많은 어머님들이 아이들의 욕에 대해서 대책 없이 부정적이기만 하다는 걸 알 수 있다. 무조건 피해야 할 대상, 아예 모르고 크는 것이 상책이라 생각할 때가 많다. 나쁜 것을 일찍 알 필요는 없다는 맥락에서 어머님들의 마음에는 공감이 된다. 그래서 홈스쿨링을 하는 엄마들이 점점 늘어나는 것 같다. 나도 아이들이 평생 욕이라는 것을 모르고 살면 좋겠다.

하지만 아이들에게 평생을 욕을 접하지 못하게 청정지역을 만들어 관리하는 일은 불가능하다. 아이는 초,중,고등학교를 다니면서 한 번이라도 욕을 하거나 듣는다.

특히 아들에게 욕은 감정을 표출하는 도구이기도 하지만 공감대를 형성하기 위한 은밀한 암호 같은 역할을 한다. 욕을 못하는 남자아이는 진정한 남자로 인정받지 못하거나 무리에 끼지 못하는 경험을 하게 된다. 그래서 욕을 하면 안 된다는 상식과 욕을 하지 않으면 어울릴 수 없는 현실 사이에서 갈등하게 된다. 여기서 많은 아이들이 이중생활을 하게 된다. 아들로서의 모습과 학교에서 강한 남성으로서의 자신을 분리해서 생활하게 되는 것이다.

아이가 처한 상황을 제대로 이해하지 못한 채 "욕은 나쁜 거야. 누가 한다 해도 너는 절대 하면 안 돼. 알았지?"라고 아무리 말해도 소용 없다. 아이들이 사는 세계에 한 발짝만 발을 들여놔도 엄마 말은 그저 세상물정 모르는 빈 메아리에 불과하다.

아들상자

아이들이 나쁜 줄 알면서도 욕을 하게 되는 가장 큰 이유는 또래와 동질감을 느끼기 위해서다. 그 부분을 이해해주면서 지나치게 다그치지 않는 것이 중요하다.

욕에 재미를 붙인 아들을 개선시키고 싶어요

아이가 나쁜 길로 빠져들었기 때문에 욕을 하는 것이 아니다. 언젠가는 접할 수밖에 없는 언어일 뿐이다.

아들의 욕에 어떻게 대처하는 게 좋을지를 어머니들과 논의한 적이 있다. 여러 가지 의견이 나왔는데 그중 괜찮은 방법을 공유해보고자 한다.

아이가 접해봤을 욕을 먼저 물어보자. 욕에 대해 엄마가 먼저 말을 꺼내 교육하는 거다. 그 다음에는 칠판이나 종이에 욕을 적어놓고 아이와 함께 뜻을 찾아보자. 흡사 성교육과도 비슷한데, 이 방법은 부모와 아이가 욕에 대한 대화를 하면서 서로 불편하지 않게 시작된다는 점이 좋다.

보통 부모가 아이와 욕에 대한 이야기를 나눌 때는 아이가 욕을 한 그 순간을 포착해서 혼내는 때다. 그런데 이렇게 시작된 대화는 아이에게 깊은 울림을 주기 어렵다. 그러나 엄마가 먼저 물어보고 아이가 들어봤을 법한 욕을 화이트보드에 크게 써보는 일은 음지에 있던 습관을 양지로 끌어올리는 효과를 보인다. 욕이 진짜 어떤 의미를 갖고 있는지 하나하나 풀어헤쳐보면 아이는 슬슬 "엄마 사실은 저번에 누가 욕을 했어"라는 말을 하게 될 것이다. 이 교육의 중요한 포인트는 아이가 엄마에게 논의 할 수 없다고 느꼈던 부분을 논의할 수 있게 만드는 것이다.

또 다른 방법은 엄마가 직접 욕하는 모습을 라이브로 보여주는 것이다.

"씨ㅇ 놈아!"

"야, 하지마."

어떤 아들맘이 두 마디를 직접 아이 앞에서 해보이고 어떤 게 더 강해 보이냐고 물었다고 한다. 강해 보이고 싶은 남자아이의 욕구를 잘 읽어준 것이다. 그러니 아이가 깔깔 웃으면서 생각보다 욕하는 모습이 강해보이지 않는다며 자신도 앞으론 욕 대신 표준어를 사용하면서 강해지겠다고 하더라다. 특유의 카리스마가 넘치는 엄마였기에 가능한 방법이었지만 이 방법

역시 엄마 손이 닿지 않는 미지의 영역을 수면 위로 끌어올려 같이 논의했다는 점에서 효과를 본 방법이다.

여러 의견과 경험담이 오가는 자리에는 공통된 의견이 있었다. 아들의 욕에 대해선 무엇보다 마음의 대비가 중요하다는 것이다. 어떤 좋은 방법을 알아도 우리 아이만은 그러지 않을 것이라고 믿는 것이 가장 위험하다는 점도 의견이 일치했다.

막연한 믿음으로 무장하고 있다간 손과 다리가 덜덜 떨리는 경험을 할 수 있다. 아무리 착한 아이도 욕을 경험하게 된다는 것을 인지해야 한다. 욕은 아이가 나빠서 하는 것이 아니다. 언젠가는 접할 수밖에 없는 언어다. 그때를 위해 미리미리 마음의 준비를 해야 한다. 만일 아이가 아직 욕하는 것을 한 번도 보지 못했다면 초등학교 1학년이 되었을 때 꼭 시간을 두고 미리 욕에 대한 이야기를 나눠보자.

이미 욕을 시작한 아이의 습관을 잡아주기 위해선 다른 대안을 마련해주는 것이 중요하다. 아이는 아마 욕하는 친구나 형을 멘토로 생각하고 있을 것이다. 남자가 되기 위한 관례로 여기고 무작정 따라가려는 경우가 많다. 그 마음을 이해하지 못한 상황에서는 아이를 움직이기 어렵다. 욕을 못 하게 하는 것이 아니라, 남자다움을 표현하고 강함을 드러내는 새로운 방식을 찾아주는 것이 중요하다.

남자아이들은 이빨이 날카로운 상어 같은 유전자를 지닌 채로 태어난다. 이들은 자신의 강함을 증명하고 싶어한다. 그래야 존재를 인정받는다는 왜곡된 생각을 갖고 있기도 하다.

"다른 친구를 괴롭히면 안 돼."

"자꾸 높은 데서 뛰어내리면 안 돼!"

"안 돼!"

어쩌면 우리가 하는 이런 교육들이 아이에게는 평화롭고 따뜻한 금붕어가 되라는 말처럼 들릴 수도 있다. 그러나 이빨이 날카로운 상어는 엄마의 금붕어가 되라는 말이 와닿지 않는다.

나는 남자아이들은 상어로 태어나 고래로 자라야 한다고 생각한다. 굳이 이빨을 드러내지 않아도 따뜻하게 웃고 있어도 누구도 함부로 대하지 못하는 고래처럼 키우는 것이 우리의 최선이 아닐까.

아들상자

아이가 욕하는 것을 한 번도 보지 못했다면 초등학교 1학년이 되었을 때 꼭 시간을 두고 미리 욕에 대한 이야기를 나눠보자. 얼마든지 개선할 수 있다.

아이가 약속을 안 지키고 떼를 부려요

엄마가 아이에게 하는 선의의 거짓말들은 결국 엄마에게 되돌아온다.

상담을 위해 아이와 단둘이 교실에 들어가는 과정에서 엄마를 절대 믿지 못하고 교실에 들어가지 않는 남자아이가 갈수록 많아진다. 일종의 분리불안이다. 처음에는 그냥 대수롭지 않게 일종의 성향으로만 생각했는데, 분리불안을 겪는 남자아이들에게서 약간의 공통된 경험을 발견했다. 엄마가 아이에게 종종 선의의 거짓말을 한다는 것이다.

예를 들어 "어, 들어가서 하고 와. 엄마 여기 있을게"라고 말하고선 아이가 교실로 들어가면 데스크 선생님께 살짝 윙크하

곧 밖으로 나가버린다. 10분 정도 있다가 아이가 화장실 가고 싶다는 핑계를 대면 엄마가 정말 기다리고 있나 확인하러 슬쩍 나왔다가 엄마가 없어진 걸 알고 울기 시작한다. 난감해지는 건 선생님 몫이다. 한 번 분리불안이 생기면 아이는 수업을 하다가도 계속해서 엄마를 찾고 몰입하지 못한다.

분리불안을 치유하는 가장 좋은 방법은 신뢰를 쌓는 것이다. 아이가 교실에 들어가지 않는다고 울 때 먼저 엄마가 짐을 풀고 자리에 앉는 모습을 보여주는 것부터 시작해보자. 선생님에게 아이를 맡기고 가방을 들고 팔짱낀 채로 "엄마 여기서 기다리고 있을게"라고 말해도 아이는 믿지 않는다. 엄마가 실제로 대기실에 앉아 짐을 풀고 책을 읽기 시작하면서 아이를 몇 번 기다리고 나면 상황은 바뀌기 시작한다.

처음에는 10분 간격으로 엄마가 있는지 확인한다. 엄마가 정말 앉아 있는 모습을 계속해서 확인하고 나면 교실 밖을 나가서는 간격이 줄어든다. 이렇게 엄마가 한 번 말한 것을 지키는 모습을 계속 보여주고 나면 다음에는 "엄마 나갔다가 30분까지 들어올게"로 영역을 확장해본다. 물론 여기서도 정확히 30분에 들어왔다는 것을 아이에게 보여주는 것이 중요하다.

이런 교육에서 우리가 얻을 수 있는 교훈이 있다. 엄마가 짐작하는 것 이상으로 아이들은 사소한 것에 집착한다. 만일 아이가 사소한 규칙을 지키지 않고 엄마 말을 우습게 여기기 시작한다면 우리는 그 무엇보다 아이에게 했던 작은 규칙을 잘 지키고 있는지 스스로를 점검해봐야 한다. 위엄을 잃은 교사와 부모의 가장 큰 공통점은 아이에게 너무 쉽게 약속하고 너무 쉽게 그 약속을 지키지 않는다는 것이다.

"어, 엄마 잠깐 화장실 갔다 올게" 하고 선생님과 눈인사 후 몰래 어린이집을 나올 때. 아이에게는 분리 불안의 싹이 생긴다. 아이가 작은 약속을 지키지 않기 시작했을 때, 우리는 먼저 우리의 작은 약속을 돌아보아야 한다.

아들상자

아이는 사소한 것까지 모두 기억한다. 그중에는 약속을 지키는 엄마와 지키지 않는 엄마의 모습도 들어 있다. 작은 약속까지 모두 다 지켰을 때 아이는 엄마를 존중한다.

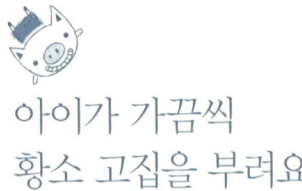

아이가 가끔씩
황소 고집을 부려요

아이들도 가끔씩은 특별 대우를 받고 싶어한다.

　나는 가끔 날씨가 좋을 때 안면도나 동해안 쪽으로 낚시를 간다. 내가 즐겨 먹는 음식은 순댓국밥, 뼈해장국 같은 것이지만, 물고기를 낚을 때는 김치나 국밥은 쓰지 않는다. 대신 갯지렁이와 떡밥을 이용한다. 나와 물고기는 전혀 다르기 때문이다.
　이것은 교실에서나 가정에서 아이들을 다룰 때도 마찬가지인 것 같다. 엄마는 "하지 마!" 소리만 지르고 아들은 고집스럽게도 말을 듣지 않는다. 엄마는 엄마 입장에서 아들에게 바라는 것을 말할 뿐이고 아들은 본인 입장만 고집스럽게 주장하는 것이다. 엄마가 사람이라면 아들이 물고기쯤 될까? 어찌 보면 물고기에게 김치찌개를 주면서 어서 미끼를 물으라고 재촉하는 것과 같아 보이기도 한다.

한번은 이런 일이 있었다. 수업이 끝나고 학부모와 대화하는 도중에 8세 남자아이와 6세 여자아이가 싸우기 시작했다. 둘은 남매였다. 싸움의 원인은 이랬다. 화분에 물 주기를 하는데 서로 자신이 더 많은 화분에 물을 주겠다고 하다가 싸움이 붙은 것이다. 아이들의 어머니는 "오늘은 동생한테 두 개를 양보하고 내일은 아들이 두 개 하자. 어때?"라고 제안을 했지만 아들은 말을 듣지 않고 계속 울기만 했다.

이럴 땐 어떻게 해야 할까? 사실 많은 부모님들이 아들이 이런 이유로 운다면, "네가 오빠니까 양보해야지" 동생에게는 "너 오빠한테 자꾸 이렇게 대들 거야?"라고 말한다. 물론 '오늘만 양보하고 내일은 네가 두 개 하자'라고 제안한 것도 나쁘지 않은 답안이다.

하지만 아이는 울음을 그치지 않았다. 우리 입장에서는 충분히 합리적이지만 아이 입장에서는 합리적으로 느껴지지 않았기 때문일 것이다. 자기만족, 자신의 중요성, 특별 대우. 아이의 진짜 목적은 화분 두 개에 물을 주는 것이 아니라 이런 곤

란한 상황에서 특별한 대우를 받고 존중받고 싶었던 게 아니었을까. 그런 생각에 닿자 나는 가방에 있던 점토를 꺼내어 이렇게 말했다.

"우리 동윤이는, 이걸로 직접 화분을 만들어볼까? 너만 살짝 주는 거야. 동생 몰래 만들어."

이 한마디로 아이는 바로 울음을 그쳤다. 대화가 원활하게 진행되었음은 말할 것도 없다.

또 다른 예를 들어보자. 재민이네 아빠가 어느 날 일을 마치고 집에 돌아와보니 막내아들이 거실에서 발버둥을 치며 악을 쓰고 있었다고 한다. 아들은 다음날부터 유치원에 가기로 되어 있었는데 그게 싫어 떼를 쓰고 있었던 거다. 재민이 아빠가 자주 쓰는 방법은 아이를 자기 방 안에 가두어두고 유치원에 가겠다고 할 때까지 타이르는 것이었다. 언뜻 보기에는 그 방법밖에 없어 보인다. 하지만 그렇게 해봤자 기분 좋게 유치원에 보내기는 틀렸다는 생각이 들었다고 했다. 그리고 이렇게 생각해봤다고 한다.

'내가 아들이라면 유치원에 가는 것이 정말로 즐겁고 설레기만 할까?'

정말 골똘히 그 질문에 대해 솔직하게 답을 하려고 생각을 거듭했다. 그 후 아내와 첫째 아이와 함께 식탁에 앉아 아들이

유치원에서 즐길 수 있는 일의 목록을 뽑아보았고, 같이 낱말 퀴즈를 시작했다. 슬금슬금 곁눈질을 하던 막내아들은 곧 아빠 무릎에 앉겠다며 식탁으로 왔다. 그때 재민이의 아빠는 아들에게 이렇게 말했다.

"안돼. 낱말 퀴즈하려면 유치원에 가서 낱말 퀴즈하는 방법을 배워와야 해."

재민이 아빠는 아이에게 부드럽게 말하면서, 최대한 아들의 입장에서 이해하기 쉬운 말로 유치원에 가면 어떤 재미가 숨어 있는지, 무엇을 배우면 가족과 더 신나게 놀 수 있는지에 대한 목록을 보여주었다. 다음날 아침, 거실에 나와 보니 재민이가 거실에 나와서 자고 있었다고 한다.

"재민아, 왜 여기서 자?"

"나 유치원에 갈 거야. 지각하면 안 돼."

거실 소파에 누워 뒤척이며 잤을 모습을 상상하니 절로 웃음이 났다.

한 가지 예를 더 들어보자. 캠핑장에 고집불통인 꼬마 아이가 있었다. 아이는 자기 의자를 두고 다른 친구 의자에 앉아 있었다. 의자 주인인 아이가 울었고, 모두가 그 꼬마 아이에게 자리를 비켜주는 게 어떻겠냐고 권했다. 어른이 타이를 때마다 더욱 심통이 난 표정으로 아이는 자리를 굳건히 지켰다.

그런 광경을 지켜보고 있던 내 귀에 "쟤가 동네에서도 심통으로 소문이 났어" 하는 말이 들렸다. 아이들은 정말 사소한 것에 목숨을 건다.

센터에서도 이런 비슷한 일은 종종 일어났다. 한번은 의자 때문에 아이들끼리 갈등이 있었다. 그때 누군가가 "우리 민준이, 딱 10까지 세고 일어날까?"라고 말했다. 아이가 "응"이라고 쉽게 대답했다. 아이는 혼자 숫자를 세었다. 그러고는 죽어도 안 일어날 것 같던 그 아이가 딱 10까지 센 후에 벌떡 일어나는 것이 아닌가?

아이에게 정말로 중요했던 건 의자가 아니었다. 사람들이 자신을 구성원으로 인정하고 존중해주는지가 알고 싶었고, 그런 마음이 의자를 차지하고 일어나지 않는 심통으로 발현한 것이다.

이럴 때 누군가가 "네 의자가 아니니까 얼른 일어나!"라고 말했다면, 아이는 자신이 잘못했는데도 불구하고 상처를 받고 심통이 날 수 있다. 물론 정당하지 않게 심통을 부리는 일은 훈육받아야 마땅하다. 그렇지만 한 번씩 아이를 이해해주고 나면 우리와 아이의 간격에 훈훈한 여유가 생긴다.

물고기 아들에게 김치찌개를 주면서 어서 물라고 외치는 일은 우리 주변에서 최대한 줄여야 할 것이다. 가르쳐야 할 것은 정확하게 가르치되, 어른의 방식으로만 아이를 이해하고 있는 것은 아닌지 늘 점검해봐야 할 일이다.

아들상자

 아이에게 선택권을 주자. 아이도 어른처럼 자신이 존중받기를 원한다. 아이가 자신의 상황에서 존중받았다고 느낄 때 설득보다 좀 더 돈독한 유대관계를 형성하면서 갈등도 해결할 수 있다.

제4장

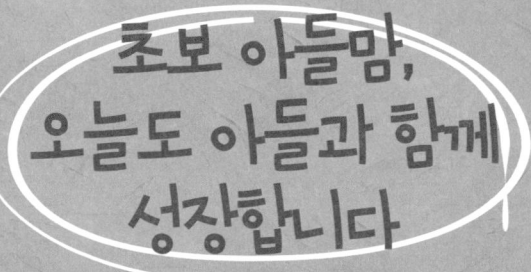
초보 아들맘,
오늘도 아들과 함께
성장합니다

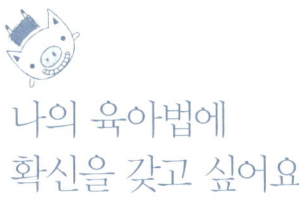

나의 육아법에
확신을 갖고 싶어요

부모는 아이가 학교와 학원에서 잘 지내는지를 결과물만 보고 판단하게 될 때가 있다.

 학원에 가서 학교에 가서 아이가 적응을 잘하고 있는지 확인하기 위해 엄마는 본능적으로 아이가 만들어낸 결과물에 집중하게 된다. 아무래도 과정을 자세히 볼 수 없으니 아이 성적표, 혹은 아이가 수업을 끝내고 손에 한가득 들고 오는 작품을 수업료의 가치라고 보기 쉽다.
 그러다 보니 "너 1시간 30분 동안 이것만 만든 거야? 학원 가서 지금껏 이거 배운 거야?"라는 말을 하기도 한다. 하지만 좋은 수업이 늘 보기 좋은 결과물을 동반하지는 않는다. 교사

입장에서 엄마들의 이런 시선을 의식하기 시작하면 어쩔 수 없이 눈에 보기 좋은 결과물에 집중하게 된다. 학원과 교실에서 교육이 사라지고 성과를 내기 위한 영업 사원만 늘고 있는 이유다.

마찬가지로 집에서 아이를 가르칠 때 성적이 어떤지를 체크하거나, 아이가 만들어온 결과물을 사진 찍어 SNS에 올리지 말자. 이건 흡사 운동은 잠깐만 하고 체형이 얼마나 바뀌었는지 거울만 뚫어져라 보는 것과 비슷하다. 운동 자체에 재미를 느끼고 몰입해야 체형이 바뀌는 것이지 10분 뛰고 체중계에 올라가기 시작하면 변화가 더디게만 느껴지고 마음이 조급해지는 것과 같은 이치다.

좋은 교육이 무엇인지 스스로 정의하지 못한 엄마는 계속 불안할 수밖에 없다. 좋은 교육의 기준은 성적 점수가 아닌, 아이가 몰입하는 눈빛을 얼마나 보여줄 수 있는가가 되어야 한다. 실제로 아이를 가르쳐본 사람들이라면 공감하겠지만 아이들 역시 무언가 배울 때 대외용으로 적당히 앉아서 때울 때가 있고, 숨소리만 쌕쌕 나는 정도로 완전한 몰입을 할 때가 있다. 좋은 교육자일수록 아이의 완전한 몰입을 많이 경험하게 된다. 초등학생을 포함한 영유아를 가르치는 교육자가 가져야 할 교육의 목적은 아이가 새로운 것을 학습할 때 편안하게 몰입의 경지에 이르도록 돕는 것이 되어야 한다. 높은 점수를 받게 하는 일은 그 다음의 문제다.

  나도 자랑할만 한 결과물을 간절히 원하는 어머님들의 눈빛을 느낄 때마다 삐뚤빼뚤해도 아이가 골몰하는 작업이 아닌, 적당히 있어 보이는 결과물을 만들고자 하는 유혹이 슬그머니 올라온다. 있어 보이는 수업을 하는 것은 그렇게 어렵지 않다. 디테일한 과정을 알려주고 똑같이 만들게 시키는 일도 어렵지 않다. 그래서 그런 유혹은 쉽게 찾아오곤 한다.

  아이에게 "이거 해야 하는 날이야"라고 지시하지 않는 교육은 과정이 험난하다. 이와 동시에 아이가 "선생님 저도 해볼게요. 저도 하고 싶어요"라고 외치게 만드는 일은 정말 어렵다. 무엇을 가르치겠다고 마음먹지 않고, 아이가 하는 시도들을 바라보며 진심으로 감동해주어야 아이가 성장한다. 그리고 아이의 작은 시도가 더 큰 결실을 맺도록 질문을 던져주고 새로운 재료들을 보여주는 일을 교사와 부모가 해야 한다. 이것이 어른이 해야 하는 가장 중요한 일이다. 배움이 얼마나 즐거운지 가슴에 새겨주는 일이 진정 귀한 일이고 가치 있는 일이라고 생각한다.

  아이가 무언가에 제대로 몰입하고 있는지 알아보려면 수업 중간 중간 아이에게 시간이 얼마나 남았는지 알려주면 된다.

예를 들어 "30분 남았다"라고 말했을 때, 아이의 반응이 "아싸! 30분만 하고 집에 가서 놀아야지"라고 한다면 아무리 결과물이 좋아도 배움의 본질은 잘못 건드린 것이다.

하지만 아이가 "30분밖에 안 남았어요?"라고 놀라서 외친다면, 아이의 작품이 아무리 볼품 없어도 성공한 수업이다. 아이는 작품을 만드는 기술을 배운 것이 아니라, 무언가를 배우는 일이 얼마나 즐거운지, 그리고 즐거운 일을 만났을 때 어떻게 물고 늘어지며 탐구해야 하는지, 그 자세를 배우고 있기 때문이다.

한번은 평소에는 사이가 좋은데 공부 시간만 되면 서로 감정이 상하는 엄마와 아들을 만난 적이 있다. "처음에는 학습지 순서보다 아이 성향에 맞는 주제부터 시작해보세요"라고 조언해드렸는데 그럼에도 불구하고 같은 문제가 반복되었는지 다시 상담 요청이 들어왔다.

상담일 당일, 우연히 아이 엄마가 대기실에서 아이를 가르치는 모습을 목격했다. 어떻게 아이를 가르치는지 실제로 지켜보니 엄마 호흡이 아이에 비해 과도하게 빨랐다.

"자, 이거는 어떻게 생겼지?"

"음. 호랑이 같······."

"그래 호랑이 같지? 맞았어. 그런데 이게 뭘 하고 있지?"

"음."

"자세히 봐. 아까 본 거 기억 안 나? 아까 엄마가 강조해서 이야기했었잖아."

한 가지라도 더 가르쳐야겠다는 목표 의식이 강하게 드러나다 보니 엄마 몸엔 힘이 잔뜩 들어가고 시간이 갈수록 아이가 엄마에게 눌려가는 모습이 역력했다. 물론 외부에 있다 보니 조급해서 더 그랬을런지도 모르지만, 엄마의 너무 빠른 호흡에 아이는 공부 자체가 싫어질 판이었다.

아이에게 밥을 잘 먹이기 위해선 식사 시간에 밥을 떠 먹이는 것보다 하루의 전체적인 규칙을 만드는 데에 먼저 집중해야 한다. 한 가지라도 더 가르치기 위해서는 그날 무얼 가르쳤는지 손가락으로 꼽기보다 호흡을 길게 갖고 배우는 즐거움을 먼저 느끼게 해줘야 한다.

디테일하게 무언가를 만들어내는 기술은 단기적으로 아이 자존감 형성과 내신 성적에 도움이 되지만 배우는 것에 대한 즐거움과 배움에 대한 바른 자세를 갖추는 일은 평생에 걸쳐 큰 자산이 된다. 교육의 진정한 가치는 고된 배움의 길을 가기 전에 배움이 고된 노동이 아니라 빛나고 즐거운 일이라는 것을 알려주는 데 있다. 그러기 위해선 아이를 가르칠 때 힘을 빼야 한다.

교사 교육을 하다보면 교사들도 비슷한 실수를 저지른다는 걸 알게 된다. 신입 교사 중 몇몇은 잘하고자 하는 마음에 잔뜩 힘이 들어가서 수업을 하는 경우가 있다. 그럴 때 아이가 어떤 말을 하면 그것을 편안하게 듣고 대화하는 것이 아니라, 머릿속에 '무슨 말을 해야 할까?' '이럴 땐 어떻게 하라고 했지?'라고 생각하며 매뉴얼을 떠올리느라 진짜 대화를 놓치는 모습을 보게 된다.

이때 가장 좋은 솔루션은 가르치겠다는 마음을 다 내려놓고 그냥 아이 눈을 물끄러미 바라보는 거다. '네가 어떤 아이인지 알려줄래?'라고 물어보는 것이다. 가르쳐야 할 대상을 보는 것이 아니라 한 사람의 눈과 생각과 마음이 보이기 시작할 때, 진정 가르칠 준비가 되었다고 볼 수 있다.

아이를 대하는 데 있어 힘을 뺀다는 것은 아이를 진정 사랑할 준비가 되었음을 의미한다. 아이에게 공감한다는 것은 아이가 나와 같은 사람이기를 바라는 것이 아니라 같이 호흡하는 것이라고 믿는다.

아들상자

무엇을 가르치겠다고 마음먹지 않고, 아이가 도전하고 일을 완성시켜가는 과정을 바라보며 진심으로 감동해주자.

남편이 아들 육아를
남의 일 보듯 해요

어리기만 한 아들에게도 엄마의 도움에서 벗어나 스스로 성취하고, 남자로서 독립적으로 인정받고 싶은 욕구가 있다.

자라다남아미술연구소에서는 아빠와 아들 둘만을 위한 프로젝트를 진행한다. 아빠가 앞치마를 메고 아들의 일대일 선생님이 돼서 아이가 만들고 싶은 대로 만들 수 있게 1시간가량 도와주는 프로그램이다. 무엇을 딱히 멋지게 만들지 않아도 아빠가 자신의 생각을 온전히 들어주고 자신을 믿어준다는 느낌을 받게 하는 것이 이 프로그램이 취지다.

그런 이벤트만으로도 아빠와 아들은 부쩍 가까워진다. 이 프로젝트의 절대적인 법칙은, 아빠가 만들고 싶은 것을 만드는게 아니라 아이의 생각을 듣고 끄집어내는 것이다. 그러다 보면 아이가 방황하는 시간이 종종 생기는데 가끔 엄마들이 이런 눈빛을 보내기도 한다.

"어휴 답답해. 왜 저걸 안 해주지?"

한번은 유리창에 딱 달라붙어 아빠를 답답해하던 엄마가 급기야 아빠만 들어갈 수 있는 규칙을 깨고 교실로 들어가 작품을 도와주고 말았다.

"자, 이렇게 하란 말이야. 이걸 왜 안 해줘?"

오죽 답답했으면 그랬을까. 마음이야 이해가 가지만 무릇 교육이란 무엇을 이루었는가보다 어떤 과정을 통하였는가가 더 중요하다. 답답해 보이는 아빠들에게도 남자만의 철학이 있다. 남자는 상대방과의 적당한 거리를 중요하게 여긴다. 아무리 친해져도 좁은 화장실에 둘이 같이 들어가는 일은 없다. 자기 몸통만 한 엄마의 장바구니를 낑낑거리며 들어주려고 하는 아들의 내면에는 엄마를 도와주고 싶은 마음도 있지만, 도움을 받지 않고 스스로 무언가를 이루고 싶은 욕구가 숨어 있다. 아파트 엘리베이터 내려가는 버튼을 엄마가 대신 눌렀다며 우는 아들에게도 엄마에게서 벗어나 남자로서 독립적으로 성취하고 인정받고 싶은 욕구가 있다.

아빠는 본능적으로 아들의 이런 마음을 이해한다. 아들을 사랑하면서도 정확히 영역을 분리한다. 물론 너무 남자로 존중해준 나머지 게임을 져주지 않고 아이를 바짝 약 올리는 부작용도 있다. 그러나 적절한 영역의 분리는 남자아이를 키우는 엄마가 꼭 알아야 할 덕목이다.

남자아이와 여자아이가 성장하면서 극명한 차이를 보이는 것 중 하나는, 여자아이는 화장실을 같이 가지만 남자아이는 화장실을 같이 가지 않는다는 것이다. 친한 여자아이들은 서로 경쟁하게 되면 우정을 위해 져주기도 하지만 남자아이는 친할수록 더 처절하게 상대방을 이기고 놀린다. 이것을 다른 말로 감정을 읽는 능력이 서투르다고도 할 수 있지만, 감정과 이성이 잘 분리되었다고도 할 수 있다.

여자아이들은 엄마의 설명으로 배워간다면 남자아이들은 엄마의 조언보다 경험을 통해 무언가를 배워간다. 그래서 가끔은 조언보다 스스로 깨닫기를 기다려야 하는 시간이 더 절실하게 필요하다. 이것을 방해하는 것이 엄마와 자녀의 일체화다. 엄마가 아들을 자기 자신처럼 생각하기 시작하면 아들은 건강한 남자로 성장하는 과정에서 방해를 받는다.

부모는 보통 아이를 임신했을 때부터 어떻게 키울 것인지 고민을 시작한다.

"내가 운동 신경이 좋으니까 축구를 시켜볼까?"

"당신은 말을 잘하니까 변호사 시켜보자."

이런 대화가 잠시 오고 가는 것이 나쁜 것은 아니다. 그러나 아이 앞에서도 계속 이런 이야기를 한다면 아이와 영역의 분리를 잘 이루지 못한 것이다. 무엇이 되고 어떻게 살 것인가에 대해서 자연스레 깨달을 환경을 줄 수는 있어도 그 결정은 아이의 몫이기 때문이다.

큰아들이라 불릴 정도로 사고뭉치인 남편에게도 분명히 배울 점이 있다. 바로 아들을 객관화시키고 아들의 영역을 존중해주는 시각이다. 분명히 남편에게서(큰아들에게서) 배워야 할 엄마들의 부족한 점이다. 우리가 직면한 많은 문제들이 엄마와 아이 사이의 영역 미분리에서 시작된다. 내가 어디까지 아들의 삶에 간섭하고 선을 그을 것인지 명확하게 판단하기 어려울 때 가장 가까운 해답은 남편에게 있음을 기억하자.

아들상자

여자아이는 어른의 설명과 개입을 기반으로 경험을 쌓는다. 남자아이는 어른의 조언보다는 경험을 통해 무언가를 배워간다. 그래서 가끔은 엄마도 아빠처럼 아이가 스스로 깨닫기를 기다려야 하는 덤덤한 시간이 필요하다.

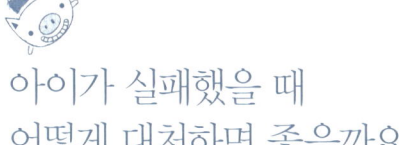

아이가 실패했을 때
어떻게 대처하면 좋을까요

어른들은 아이의 작은 실패와 만족스럽지 못한 결과에 관대하지 못할 때가 많다. 오히려 조급하게 결단을 내어버리기도 한다.

"요걸 애들이 만든 거예요? 정말?"

자라다남아미술연구소 초입에는 커다란 로봇 작품이 전시되어 있다. 2미터쯤 되는 이 로봇은 초등학교 4학년인 선재가 만든 작품이다. 선재는 자신이 좋아하는 것에는 표현력도 좋고 몰입도도 상당한 친구인데 말수가 적다. 특히 억울한 일이 있으면 닭똥 같은 눈물을 흘릴지언정 입을 꾹 닫아버리는 아이다.

한번은 아이들이 열심히 만든 작품들을 모아 전시회를 하게 됐다. 선재는 수줍음이 많은 성향이라 사람들에게 자기 작품을 전시하는 게 부끄러웠는지, 자신은 커다란 작품이 아닌 조그만 칼을 하나 만들겠다고 했다.

"정말로 그거 하나만 할 거야?"

"네."

우리는 선재 의견을 따르기로 결정했다. 그리고 전시회 날, 할머니 할아버지를 포함해 온 가족이 다 왔다. 선재 작품이 단검 하나 덜렁 있어 다들 당황한 표정이 역력했다. 우선 가족에게 선재의 뜻을 설명했지만, 선재 작품을 보기 위해 멀리서까지 찾아온 가족은 실망한 눈빛을 감출 수 없었다.

선재도 느낀 바가 있었는지 1년 뒤 있을 전시회 준비를 일찍 시작했다. 선재는 큰 로봇 하나를 선생님과 같이 만들겠다고 했다. 그렇게 시작된 프로젝트는 4개월이 넘도록 지속됐다. 담당 선생님과 같이 씨름하며 만들었는데 하다가 중간에 지쳐서 다른 걸 하다가 다시 작업에 복귀하기를 반복했다. 그렇게 힘들게 완성했다.

모두들 작품을 보고 대단하다 칭찬했지만, 1년 전 망쳤던 전시회에 대한 이야기와 4개월간의 힘든 시간은 회자되지 않는다. 이건 선재와 선생님만이 아는 거다.

누군가가 나에게 "아이가 저런 작품을 만들게 하려면 어떻게 해야 할까요?"라고 묻는다면 "큰 전시회에서 실패를 경험하게 해주세요. 그리고 자기 힘으로 극복할 때까지 기다려주세요"라고 말할 것 같다. 기술 전수는 어렵지 않지만 몰입과 가슴에 불을 지르는 동기부여는 전수가 불가능하기 때문이다. 아마 선재가 전시회에서 큰 실패를 경험하지 못했더라면 절대 그런 작품은 해내지 못했을 것이다.

그런데 어른들이 아이의 실패에 관대하지 못할 때가 많다. 첫 전시회에서 실망한 부모님이 "아무래도 너는 미술이 안 맞는 것 같다"며 그만두게 했다면 선재는 평생 전시회에 대한 아쉬운 감정을 갖고 지냈을 것이다. 어쩌면 미술 자체를 싫어하게 되어버렸을 수도 있다.

이 일로 인해 나도 배운 것이 있다. 아이가 기꺼이 자기 스스로 새로운 도전에 뛰어들 때 아이 마음에 "내가 이 정도라는 것을 보여주겠어!"라는 불을 지르게 만드는 일이 중요하다.

아들상자

때때로 아이의 실패는 자기 자신에게 새로운 동기 부여가 되기도 한다. 당장의 결과를 두고 어른이 아이보다 먼저 결론을 내지 말고 기다려주자. 그럴 때 아이는 성장한다.

아이의 인생 설계가
제 몫인 것만 같아요

세상의 모든 아이들이 백지라고 생각하기 시작하면, 모든 사람에게 개성이 있고 배우는 방식도 저마다 다르다는 사실을 잊게 된다.

어느 날 지인으로부터 상담 요청이 왔다. 어떤 학교의 교감 선생님 아들이 가출을 했고, 그 집안에 근심 걱정이 대단하다는 사연이었다. 원래 교육자 집안의 자녀는 부모님뿐 아니라 주변으로부터 큰 부담을 받는다. '그러는 당신은 어떻게 자식 농사 짓길래?'라는 사람들의 시선에서 자유로울 수 없다. 아이는 조용한 피해자가 되는 거다. 특히 강한 교육관을 가진 교육자의 자녀일수록 힘들어하는 것을 종종 목격한다. 알게 모르게 자신이 한 말을 지키기 위해 자녀들에게 더 엄격해지다가 부모 자식 사이가 소원해지는 경우도 자주 벌어진다.

"너 엄마가 학교 선생님인 거 알아 몰라?"

"으이그, 선생이면서 자기 자식하나 간수 못 하고."

그래서 교육자들은 자녀 문제를 시원하게 털어놓기도 어렵다고 한다. 사연을 들어보니 이랬다. 가출한 아이는 평소 친구들과 부딪힐 일이 없을 정도로 조용한 성격이었다. 그런데 어느 날 별것도 아닌 일로 친구와 싸우고는 다소 과격한 방식으로 집을 나갔다는 것이다. 그 전까지는 친구들과도 사이좋게 지내고 선생님들에게 인정받고, 성적도 좋은 학생이었다. 사연의 주인공인 그 교감선생님은 완강한 자녀 교육을 주장하던 사람이라 더더욱 아들의 변화에 충격을 많이 받았다. 그 교감선생님은 아이 백지론 전파사였다.

"아이들은 백지예요. 엄마가 어떻게 하느냐에 따라 아이들은 충분히 변합니다!"

아이를 백지에 비유하는 사람은, 아이가 어른에 의해 설계될 수 있다고 믿는다. 스스로 유능한 교육자라고 믿을수록 아이를 쉽게 몰아붙인다. 엄마가 몰라서 아이를 끌어내지 못했을 뿐 모든 아이는 다 똑같다는 위험한 생각도 서슴지 않는다. 그리고 똑같은 교육을 실행하면서 매번 같은 결과를 얻어내려고 한다. 하지만 안타깝게도, 아이들은 백지가 아니다.

아이에게 미술을 가르친다고 예를 들어보자. 아이들이 백지라고 생각하는 교사는 늘 같은 방법으로 아이들을 지도하려 한다. 만일 자신의 교수법에 열 명 중 아홉 명의 아이가 잘 따라왔는데 한 명이 못 쫓아온다면 자신의 지도법에 의심을 품기보다 아이나 아이 엄마에게서 잘못을 찾기 시작한다. 아이들이 백지라고 믿기 시작하면 모든 아이들은 생긴 것만큼이나 배우는 방식도 다양하다는 사실도 잊게 된다. 그러나 아이들은 무척이나 다양하고 교사들에게는 다양성을 존중해줄 의무가 있다.

'아이들은 백지와도 같은 존재'라는 말은, 육아 전선에 몸담고 있는 모든 사람이 듣는 흔한 말이다. 하지만 모든 사람은 태어날 때 자기만의 밑그림을 희미하게 갖고 태어난다. 그걸 성향이라고 부른다. 어떤 아이는 엄마가 그렇게 가르치지 않아도 1등에 목숨을 걸고, 어떤 아이는 엄마가 가르치지 않아도 공격적인 놀이를 좋아한다. 어떤 아이는 아무도 그렇게 가르치지 않았는데 공감 능력이 높고, 어떤 아이는 아무도 그렇게 가르치지 않았는데 대인관계 능력이 약하다.

그래서 아이를 백지 같다고 여기고 육아를 하기 시작하면 아이의 모든 사건과 사고가 엄마가 때문에 생긴 것 같아 자책하기 쉬워진다. 심지어, 무엇이든 시키면 잘할 수 있을 거라는 착각까지 낳는다. 그리고 결국 아이에게 맞지 않는 일들을 강요할 수 있다.

만약 아이가 백지와 같다는 생각을 머릿속에서 지울 수 없다면, 이런 생각을 해보길 권한다. 아이는 자기 힘으로 그리고 싶은 그림이 있을 거라고. 우리가 대신 그려주거나 그리게 하는 것이 아니라고. 아이가 어떻게 스스로를 만들어가는지 지켜보자. 그것이 바로 우리의 역할이다.

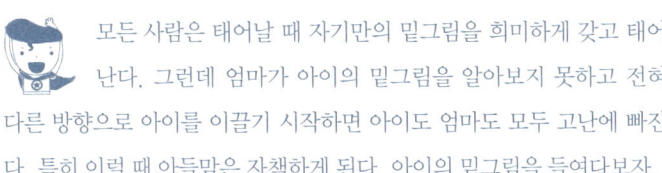

모든 사람은 태어날 때 자기만의 밑그림을 희미하게 갖고 태어난다. 그런데 엄마가 아이의 밑그림을 알아보지 못하고 전혀 다른 방향으로 아이를 이끌기 시작하면 아이도 엄마도 모두 고난에 빠진다. 특히 이럴 때 아들맘은 자책하게 된다. 아이의 밑그림을 들여다보자.

아들의 꿈을
찾아주고 싶어요

주변을 돌아보면 꿈을 찾느라 힘들어하는 아이들이 많다. 하지만 아이의 진로는 엄마가 결정해주는 것이 아니다.

"선생님, 우리 아들이 이런 걸 좋아하고 이런 그림을 그리는데 진로를 어떻게 잡아주면 될까요?"

종종 듣는 질문이다. 아마 아이를 키우는 모든 엄마들의 가장 큰 고민과 숙제가 아닐까? 그러나 아이의 진로는 엄마의 숙제가 아니다. 엄마가 숙제라고 느끼면 아이도 그렇게 생각한다. 꿈을 찾는 동안 자꾸 어른들에게 의지하려든다. 가슴 속으로는 숙제라고 생각할지라도 아이에게 절대 들켜서는 안 되는 것 중 하나가 꿈에 대한 주권이다.

아이들 역시 꿈과 진로를 찾느라 힘들어한다. 중,고등학생이 되어도, 대학을 졸업할 즈음이 되어도 늘 대답하기 어려워하는 질문 중 하나가 바로 "너 뭐할래? 너 뭐 좋아해?"다.

주변을 돌아보면 꿈을 찾느라 힘들어하는 아이들이 많다. 우리 아들에게 꿈은 꼭 있어야 하는 것일까? 아니면 없어도 되는 것일까? 혹여 우리는 꿈을 찾지 못했더라도 우리 아들은 당연히 꿈을 꾸고 있어야 한다고 생각하는 게 아닐까? 왜 이렇게 하고 싶은 일을 찾는 데는 힘이 들까?

여러 가지 이유로 아이들 대신 꿈을 설계해주려는 마음은 월권인지도 모른다. 과거가 될 어른들이 미래를 살 아이들의 꿈을 설계해주는 것부터 문제인지도 모른다. 우리가 생각하는 유망한 직업은 아이들이 성인이 되었을 때 더 이상 유망하지 않을 것이다. 변호사, 의사, 금융업. 20년 뒤 미래엔 직업군이 어떻게 변해 있을지 아무도 모른다.

"넌 아이 어떻게 키울 거야?"라는 질문에 인생관이나 철학이 아닌 직업으로 대답하는 문화를 조심스레 지적하고 싶다. 옆에서 지켜보고 있노라면 아이들에게 꿈을 찾아주려는 어른들의 노력은 흡사 영업 사원 같다. "아 요즘 손발이 차고 좀 춥네요"라고 말하면 "고객님 그러면 이번에 새로 나온 모피를……" 하고 물건을 파는 영업 사원처럼, 아이는 "엄마 난 과학이 재미있어"라고 순수한 배움의 즐거움을 말하면 "오, 그래. 우리 아들 나중에 과학자 할래?"라고 진로 설정으로 피드백을 하는 모습이 꼭 그렇다.

과학이 재미있다는 호기심은 순수하게 유지되어야 한다. 대가를 바라지 않는 열정과 호기심을 잔뜩 키워줘야 할 시기에 어른들은 아이에게 너무 빨리 사회를 준비하게 만든다. 이것은 흡사 익지 않은 밤을 억지로 까는 행위와도 같다. 순수한 호기심이 진로의 영역까지 익어가기 위해선 무수한 고민과 과정의 시간이 존재한다. 아이의 열정을 너무 빨리 열으려고 하면 열정은 더 이상 영글지 않는다. 미술을 좋아한다고 재빨리 입시 미술 코스부터 알아본다면 아이는 금방 미술을 싫어하게 될 것이다.

어떤 일을 평생의 업으로 삼기 위해서 순수하게 그것을 좋아할 시간이 주어진다는 것은 축복이다. 아무리 전망이 좋은 일을 만나도 순수한 호기심과 열정이 묻어나올 수 없는 영역이라면 아이 인생은 불행할 것이다.

그런데 우리의 모습은 어떠한가? 아이가 수학을 좋아하면 수학자가 되는 모습을 상상하고 자동차를 좋아한다면 자동차 정비공이 되는 모습을 떠올린다. 아이가 곤충에 대한 관심이 많으면 이게 나중에 성적에 도움이 될까를 먼저 생각하고 직업이나 성적으로 연결되는 실익이 없으면 쓸데없는 일 정도로 분류한다.

아이를 바라볼 때 너무 많은 생각을 갖지는 말자. 아이가 자동차를 좋아하면 자동차를 좋아하는 아이인 거다. '자동차를 좋아하면 진로가 어떻게 되지?'라는 생각이 아이의 꿈이 자랄 틈을 빼앗는다.

아들의 진로를 빨리 찾기 위해 가장 먼저 해야 할 일은 아이의 진짜 모습을 보는 일이다. 우리의 기대로 얼룩진 아이의 모습이 아닌 아이의 정제된 진짜 모습을 봐야 한다. 그러기 위해선 우리의 기대를 걷어내야 한다.

"네가 어떤 방향으로 자라면 좋겠어."
"네가 어떤 직업을 가졌으면 좋겠어."

아이의 입장에서 당연히 부담이 될 어른의 마음을 내려놓고 아이가 가진 본연의 모습을 다음과 같은 기준으로 바라보자. 첫째 직업과 진로라는 틀을 벗어나서 단순하게 이 아이는 세상 어떤 것에 끌리고 관심 있어 하는 아이일까? 조금 더 순수한 관심을 기울이자.

둘째, 아이에게 순수하게 무언가를 좋아할 시간을 줘야 한다. 곤충이든 공룡이든 직업과 상관없이 좋아하는 대상이 생겼을 때 아이는 그것에 관해 배울 준비를 한다고 믿고 시간을 내어줘야 한다. 좋은 교육은 어른이 나서서 해결해주는 것보다 참고 기다려야 할 때가 더 많은 것 같다. 어른이 참기 어려운 일 중 하나가 쓸데없어 보이는 것에 시간을 쓰는 것이다. 그런데 우리가 보기엔 쓸데없어 보이는 공룡 따라하기 놀이나 전쟁 놀이를 통해서도 아들은 성장한다.

그림을 그릴 때 매번 귀퉁이에 아주 작게 그림을 그리는 아이가 있었다. 엄마는 아이가 소심하고 자존감이 낮아서 그러는 것이라고 말했지만 그리는 폼으로 미루어 짐작하건대 소심해서 작게 그리는 것 같지는 않았다. 아이에게 큰 종이를 주고 시간을 주니 작게 그리기 시작해서 큰 종이를 빼곡하게 메워가며 그리는 것이 아닌가? 나중에 안 사실이지만 아이는 늘 주어지는 a4 종이가 자신의 이야기를 담기에 너무 작아서 그림을 작게 그렸던 것이다. 엄마가 얼핏 보기에는 그냥 귀퉁이에 소심하게 졸라맨을 그리는 아이로 보였을 수도 있겠지만 아이는 자신의 머릿속을 돌아다니는 스토리를 표현하는 데 몰두하고 있었다.

이런 친구에게는 무언가를 가르치기 보다는 옆에 붙어서 "우아, 그래서 어떻게 됐어?" 정도의 이야기만으로도 가진 재능을 충분히 건드려줄 수 있다. 이렇게 아들의 성장은 엄마가 기대하는 바람직한 모습과는 다른 형태일 수 있다.

셋째, 그것을 발전시켜주는 일이 중요하다. 아이가 순수하게 열정을 쏟는 분야를 찾았고 그 분야에 자신감이 생긴다면 조금씩 새로운 영역을 제안하면서 확장해나가야 한다.

아들이 자동차를 좋아한다면 어떤 부분에 몰입해 있는지 자세히 살펴보자. 자동차를 좋아하는 남자아이라고 할지라도 아이들마다 매료된 이유는 제각각이다. 만약 자동차가 사람을 태운다는 것에 빠져 있다면 다음엔 버스와 기차에 대해서 알려주자. 자동차가 빠르다는 것에 빠져 있다면 다음은 제트기를 제안해보자.

지금 우리 아들에게는 목적성을 거둔 순수한 관심이 필요하다. 영업 사원처럼 하나라도 더 전달하고 어필하려는 습관을 버리자. 그런 방식으론 아이에게 잔기술을 가르칠 수는 있어도 깊이 있는 교육을 하기 힘들다. 억지로 행동하게는 만들 수 있어도 내면의 힘을 길러주기는 어렵다.

아들상자

아들의 진로를 빨리 찾아주고 싶다면, 아이가 어른들의 눈치를 보지 않고 순수하게 좋아하는 것을 찾을 수 있게 하자.

아이에게 기대를 거는 건
나쁜 습관인가요

엄마가 기대하는 모습으로 살기 위해 아이는 자신의 본래 모습을 부정하기도 한다.

상담을 하다보면 무조건 아이를 긍정적으로 바라보기 위해 노력하는 아들맘을 종종 본다. 물론 그런 노력은 필요하다. 하지만 어떤 경우에는 그 무한한 긍정이 부작용을 낳는다. 엄마의 긍정은 아이에게 부담이 될 때도 있기 때문이다.

"어이구, 우리 아들은 이거 잘할 거야. 그렇지?"

미술학원에서 아이들을 보자. 아이의 진짜 실력은 화장기 없는 쌩얼 만큼이나 솔직하다. 하지만 전문가에게 맡겼다는 생각만으로 엄마들은 피카소 같은 거장의 그림이 나오길 기대한다. 그런 일은 일어나지 않는다. 좋은 교육 기관이란 아이의 솔직한 모습을 꺼내놓고 내면을 훈련하는 곳이지, 선생님이 마법처럼 작품을 대신 만들어주는 곳이 아니다.

그래서 아이의 솔직한 작품을 처음 본 엄마들은 실망을 감추지 못한다. 과도한 칭찬도 안 되지만 실망하는 눈빛 역시 아이에게 좋을 리 없다. 행여 아이가 칼이나 방패 같은 무기라도 만들면 정색하며 무언의 압박을 주는 걸 목격하기도 한다.

종석이는 만들기를 좋아했다. 특히 상상 속의 드래곤 만들기를 좋아했다. 그런데 어느 날 갑자기 그림 그리기를 제일 좋아한다며 하지도 못하는 그림을 끙끙거리며 붙잡기 시작했다. 처음에는 좋아하지 않던 새로운 영역에 도전하는 모습이 보기 좋았는데 집중하지 못하기 시작하더니 친구들에게 말을 걸고 분위기를 흐렸다. 뭔가 심상치 않아 조용히 물어봤다.

"종석아, 혹시 엄마는 종석이가 그림 그리는 걸 좋아해? 만드는 걸 좋아해?"

종석이가 갑자기 그리던 손을 멈추더니 "그리는 거요" 하고는 다시 끙끙거리며 계속 그림을 그려나갔다. 이런 광경을 목격할 때마다 아쉬움이 깊다. 본연의 모습 그대로를 싱그럽게 발전시켜야 할 아이들이 어른의 기대에 맞추려 자신의 관심사를 부정하고 바꿔나가려고 하기 때문이다.

엄마의 아이에 대한 기대감은 아이가 자신의 성향을 스스로 부정하게 만드는 부작용을 만든다. 엄마가 기대하는 모습으로 살기 위해 자신의 현실을 부정하는 것이다. 건강하지 못한 일이다. 예를 들어 엄마가 "우리 아들은 영어를 잘해"라고 외치고 기대한다면, 아이는 영어 공부를 하다가 못하는 부분이 있을 때 편안하게 인정하고 물어볼 수 없게 된다. 급기야 영어를 못 하는 자신의 모습을 부정하게 되며 심한 경우 쉽게 짜증내고 화를 내게 된다. 이것을 자존감이 떨어진다고 표현한다.

엄마의 지나친 긍정적 평가가 아이에게 미치는 악영향 중 하나는 새로운 일에 대한 도전 정신이 사라진다는 것이다.

열심히 노력해서 영재로 분류된 아이들이 엄마와 기뻐한 후에 맞는 단계는 더 높은 곳을 위해 도전하는 것보다 명성을 지키는 일로 전락하는 경우가 비일비재하다. 영재인데 너무 열심히 노력하면 사람들이 실망하니까 혹은 영재가 아니라는 것이 드러날까봐 실패 가능성이 있는 일에 도전하지 않기를 선택한다. 노력했는데도 실패하면 진짜 영재가 아닌 꼴이 되어 버리니까 말이다.

언젠가 한 어머님이 이런 질문을 했다.

"우리 아들은 이상하게 블록 조각을 찾다가도 화를 내요. 그림 그리다가 조금만 틀려도 울거나 종이를 찢기도 하고요. 왜 이러는 걸까요?"

아이를 만나 상담을 해보니 스스로 모든 것을 잘해야 한다는 강박에 가까운 생각이 자리 잡고 있다는 것을 알게 됐다.

물론 이 모든 것이 엄마 탓은 아니다. 아들 중에서도 선천적으로 강박에 가까운 완벽주의자가 존재한다. 그러나 이런 아이들에게 필요한 것은 모든 것을 완벽하게 해내지 않아도 괜찮다는 엄마의 여유다.

아들상자

 남자아이는 타인의 기대, 주로 엄마와 선생님의 기대에 심하게 좌우된다. 그래서 정서적으로 불안해지기도 하고 마음 앓이를 할 때도 있으며 소리 없이 망가지기도 한다.

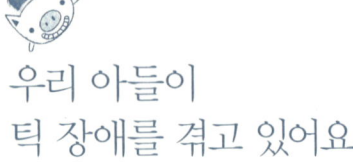

우리 아들이
틱 장애를 겪고 있어요

틱은 아이의 노력만으로 치료될 수 없다. 오히려 아이가 자신의 병을 어른의 눈을 통해 자각하면 그 자체가 콤플렉스가 되어 증상은 더 악화된다.

주변을 돌아보면 고개를 주기적으로 움직이거나 눈을 과하게 깜빡이는 남자아이를 종종 볼 수 있다. 일종의 틱 증상이다. 남자아이 중에는 유독 틱 장애 환자가 많다. 여자아이와 비교해서 보면 4배가량 된다. 우리나라 경우 여아 초등생이 2,500명 정도 틱이 있을 때 남아 초등생은 1만 명 정도가 틱 진단을 받고 치료를 받는다.

틱은 일종의 강박증과도 비슷해서 고치려고 하면 더 심해지는 특징이 있다. 환경이 불안하거나 정서적으로 안정되지 못했을 때 틱이 생기며, 학기 초에 주로 발병된다는 보고가 있다. 이렇게 나타났다가도 정서가 안정되면 또 금방 사라지는 게 틱 증상이지만 주로 남자아이에게 생기기에 아들맘은 틱에 대한 기본 지식을 갖추고 있어야 한다.

정현이라는 아이가 수업 도중에 틱 증상이 왔다. 눈을 자꾸 깜빡거리고 고개를 한쪽으로 돌려서 엄마가 걱정이 많았다. 편안한 수업을 할 때는 증상이 나타나지 않지만, 정현이에게는 다소 어려운 내용으로 수업이 진행될 때, 일상생활에서, 티비를 볼 때 증상이 나타났다. 정현이 어머니는 내게 몇 번이나 상담을 요청했다.

정현이 어머니는 약물치료 부작용에 대한 이야기를 많이 들어서 알고 있었다. 그래서 심리치료를 먼저 선택했다. 틱이라는 놈이 초기에 잡지 못하면 투렛 증후군이란 놈으로도 발전되어 만성으로 남는 경우도 있기에, 우리가 할 수 있는 일에도 최선을 다해보기로 했다.

틱은 아이가 스스로 자각하고 노력해서 해결되는 것이 아니다. 아이 스스로가 자신의 증상을 알고 행동을 바로잡으려고 할수록 스트레스를 받고, 그 자체가 콤플렉스가 되면 증상은 더 악화된다. 틱을 고쳐놓겠다는 마음에, 증상을 보일 때마다 아이를 혼낸다면 상황은 더 심각해질 것이라는 뜻이다.

반대로 아이가 자신의 행동을 제어하려고 할 때도 근육이 점점 긴장하고 더 큰 스트레스를 만들기 때문에 몇 번의 시도로 상황이 호전되는 것은 불가능하다.

틱은 마음의 병이기도 하다. 때문에 가장 먼저 엄마는 아이가 자존감을 회복하도록 도와줘야 한다. 그러기 위해선 자신이 부끄러운 행동을 하고 있다는 생각을 잊게 해줘야 한다. 자존감에 도움이 되지 않기 때문이다. 그래서 틱 증상을 바라보는 주변인들이 전혀 이상하지 않은 듯이 봐주는 환경이 필요하다. 가끔 아이를 데리고 다니다보면 주변 사람들이 틱 증상을 지적할 때가 있으니, 아이가 낯설어하는 사람들과는 접촉 횟수를 줄이는 것도 방법이다.

결국 아이가 받는 대부분의 스트레스는 다른 사람의 시선과 평가에서 온다. 그 외에 학습을 위해 계획을 세울 때는 아이가 잘하고 좋아하는 수업 위주로 시간표를 만들어야 한다. 그리고 아이가 심리적 안정감을 느낄 수 있도록 최대한 곁에서 관심을 가져주고 물어봐주는 것도 중요하다. 정현이가 미술심리치료도 병행한 지 2개월쯤이 지난 어느 날, 정현이 어머니는 아이의 증상이 사라졌다는 소식을 전해주었다.

한번은 정신과 교수님과 정신질환이 생기는 사람들의 특징에 대해서 이야기를 나눈 적이 있다. 많은 사람이 스트레스로 인해 정신질환을 겪지만 스트레스를 받는다고 모두가 동일한 정신질환을 겪지는 않는다고 했다. 그리고 다년간의 연구 끝에 정신질환을 겪는 사람들과 겪지 않는 사람들의 결정적인 차이는 자존감에 있다는 결론을 내렸다고 했다.

틱 증상을 포함한 마음의 병을 겪고 있는 아이들을 치유하기 위해서 우리는 아이들의 자존감을 회복시키는 일에 매진해야 한다. 지금 틱을 겪고 있지 않다고 해서 틱이 영원히 오지 않는 것도 아니고 틱이 오지 않았다고 해서 우리 아들 정서에 전혀 문제가 없다고 볼 수도 없다.

언젠가 봤던 TV 프로그램에 말을 심하게 더듬는 아이가 나온 적이 있었다. 원래 말을 더듬지 않았지만 지하철에서 엄마를 잃어버리는 무서운 경험을 한 이후부터 말을 더듬게 되었다고 했다. 엄마가 수차례 회초리를 들고, 울면서 매일같이 책을 읽게 시켰지만. 증상은 나아지질 않았다.

그러다 엄마가 잠시 자리를 비우고 아이와 카메라만 있는 상황에서 신기한 일이 벌어진다. 그렇게 더듬지 않기 위해 노력할 때에는 더듬던 말을, 혼자가 된 편안한 상황에서는 훨씬 덜 더듬는 것이다.

아이들이 가지고 있는 몇몇 문제는 증상 자체의 문제이기보다는, 관점의 문제 아닐까? 무언가를 잘해내야 한다는 부담과 압박감이 아이를 병들게 만들기도 한다. 항상 무엇을 해주려는 엄마의 모습보다 조금 더 힘을 뺀 엄마의 눈빛이 절실히 필요한 시대다.

아들상자

마음의 병을 앓는 아이들을 치유하기 위해 어른들이 해야 할 일은 자존감을 회복시켜주는 것이다.

ADHD 판정을 받았어요, 어떻게 하죠?

아이를 어떻게 평가하고 바라보고 차별하는지에 따라 아이에게 엄청난 일이 벌어진다.

정인이는 곤충을 굉장히 좋아하는 여덟 살 남자아이다. 자라다남아미술연구소는 아이를 처음 만났을 때 성향 파악 자료를 만든다. 이 자료는 실제로 우리가 만났던 남자아이 수천 명의 데이터를 기반으로 한다. 그 자료에 의하면 정인이는 곤충류에 대한 탐구력이 뛰어난 아이였다. 하지만 다른 걸 그려보라고 하면 "그건 잘 못 그려요. 못 하겠어요"라며 거부하는 아이이기도 했다.

첫 수업을 하던 날, 역시나 정인이는 좋아하는 것과 좋아하지 않는 것에 대한 집중력 차이가 뚜렷했다. 이럴 경우, 초보 아들맘은 걱정하기 시작한다. 이것저것 엄마가 중요하다고 생각한 것들을 아이에게 들이밀고 본다. 혼을 내기도 하고 어르기도 하고, 보상을 해줄 테니 일단 해보라고 부추기기도 한다. 하지만 번번히 실패다.

이럴 땐 해결 방법이 있다. 의외로 간단하다. 다른 것을 억지로 가르치기보다 곤충부터 시작해 천천히 다른 관심사로 확장하도록 도와주면 된다. 하지만 특정 장소에서나 가능한 교육이다. 불특정 다수를 똑같이 가르쳐야 하는 학교에서는 실행이 어려울 것이다.

"어머님, 아이에게 ADHD가 있는 것 같아요. 전문 기관에 가서 진단을 한 번 받아보세요."

문제는 학교에서 교사가 정인이를 ADHD 환자로 지목하면서 벌어졌다. 엄마에게 정인이가 ADHD가 있다고 의심되니 병원을 추천해줬고 병원을 갔는데 공교롭게 ADHD 진단과 함께 처방이 떨어졌다. 아이는 ADHD라는 꼬리표를 달게 됐고 정인이 어머니는 나를 붙잡고 하염없이 울었다.

"선생님, 아이가 정말 비정상인가요? 우리 정인이 문제가 큰가요?"

나는 아무 말도 할 수가 없었다. 그런데 엉뚱하게도 이 문제는 전학가면서 해결이 됐다. ADHD 진단을 받고서 정인이는 점점 더 어두워졌다. 고민 끝에 우리는 전학을 결심했다. 전학 간 학교에서는 담임교사가 정인이를 아무 문제 없는 아이로 바라봐줬다.

"어머님, 남자아이들이 다 그렇죠. 저도 그랬는걸요?"

재미난 것은 누군가가 명백히 질병이라고 지목한 ADHD를 고쳐낸 것이 아주 특이한 요법도 약물도 아니라는 점이다. 단지 아이를 바라보는 교사의 관점이 바뀌는 것만으로 정인이의 증상은 해결되었다.

물론 ADHD를 겪는 모든 아이가 그렇게 호전될 수는 없을 것이다. 하지만 어른들이 명심해야 할 것은 분명히 있다. 아이를 어떻게 평가하고 바라보고 차별하는지에 따라 아이에게 엄청난 일이 벌어진다. 그 영향력은 상상이 불가능하다.

초등학교 시절 학교가 재미없다고 뛰쳐나온 에디슨에게 지하 실험실을 만들어준 어머니의 지혜로, 에디슨은 ADHD라는 비정상 아이가 아닌, 전 세계 아이들이 존경하는 발명가가 됐다는 것도 기억해두면 좋겠다.

아이들은 예민하다. 아이들의 기준은 모두 자신의 부모와 선생에게 향해 있다. 때문에 우리가 아이를 어떻게 바라보는지, 아이들은 아주 예민하게 포착해낸다. 그 순간순간 자신과 어른 사이의 마음의 거리가 얼마나 가까웠다 멀어지는지를 알아내며, 심지어 자신이 무엇을 잘하는지도 깨닫는다. 때문에 우리 시각에 따라 아이들은 병자처럼 행동하기도 하고 어른처럼 행동하기도 한다. 매일 밤마다 오줌을 싸던 아이를 인격체로 인정해주고 어른들이 입는 잠옷을 사주면 아이의 증상이 해결될 수도 있다.

아들상자

ADHD를 겪는 모든 아이가 정인이처럼 호전될 수는 없을 것이다. 하지만 아이의 증상을 고친 것이 아주 특이한 요법과 대단한 의학이 아니라는 점은 아이를 이끌어야 하는 어른 모두가 염두에 두어야 할 이야기다.

옆집 엄마의 정보력에
주눅들고 불안해요

육아 선배로서 초보 아들맘에게 정보를 가져다 주는 선량한 사람, 옆집 엄마.

육아 전선에 뛰어든 엄마들은 일희일비할 수밖에 없다. 마음의 중심을 굳건히 하기가 쉽지 않다. 여기에는 여러 가지 이유가 있지만 주변의 과도한 관심이 한몫을 한다. 엄마의 마음을 잡아 흔드는 첫 번째 존재는 옆집 엄마다.

우리가 옆집 엄마라 부르는 분들은 사랑이 많다. 그분들은 자신이 겪었던 전쟁에서 찾은 교훈을 아무 대가 없이 알려주기 위해 노력한다. 인생의 선배로서 조건 없이 초보 아들맘을 위해 선의를 베푼다. 이분들은 좋은 분들이 분명하다.

문제는 옆집 엄마가 키우는 아들과 내 아들이 너무나 다른 존재라는 것이다. 장성한 아이 셋을 키운 엄마가 늦둥이를 낳으면 넷째 아이는 지금까지 듣도 보도 못한 존재가 나오는 게 인생이다. 그러니 옆집 아이에게 잘 통한 솔루션이 우리 아이에게 잘 적용되리라는 보장은 어디에도 없다. 그러나 우리는 조언을 남발한다. 늘 남들도 나와 같을 것이라 착각하는 탓도 있고 남의 아이는 쉽게 답이 보이는 듯하기 때문이다.

선의임에도 불구하고 옆집 엄마의 조언을 주의해야 하는 이유는 우리가 너무 불안한 존재이기 때문이다. 육아란 요리 레시피나 벽돌을 쌓아 성벽을 쌓는 일처럼 깔끔하게 이뤄지지 않는다. 우리는 죽어 있는 재료를 대하는 일이 아니라 살아 있는 사람을 키우는 일을 한다. 생명력 넘치는 아들은 자기만의 방식으로 늘 엄마의 상상을 벗어난다. 아들맘은 예측할 수 없는 불안함을 느끼다 보니 누군가의 조언에 휩쓸릴 때가 많다.

물론 "민준이 엄마, 이거 민준이 안 시켜서 그런 거다? 내 말 믿고 한번 시켜봐"라는 말 한마디에 엄마의 기준이 무너지지는 않는다. "네, 언니. 조언 고마워요. 그런데 우리 민준이는 또래보다 조금 느린가봐. 내가 알아서 해볼게. 진짜 고마워요"라고 멋지게 거절하고 돌아설 정도의 용기는 갖췄다.

그러나 문제는 이 다음부터 시작된다. 아이가 집에 가서 신

발을 벗거나 내복을 벗는데 이상한 모양으로 벗기 시작하고 갑자기 너무 놀기만 하는 모습이 눈에 띈다. 사실 아이는 늘 해오던 행동을 할 뿐인데 엄마는 옆집 엄마가 말한 걸 하지 않아서 아들이 이러고 있는 게 아닐까 하는 걱정이 슬그머니 올라온다. 속으로는 옆집 엄마 말을 거부하면서도 한쪽 마음에서는 '정말 그런가?' 하며 계속 아이를 평가하고 비교하게 된다. 그러다가 3개월이 지나보면, 아이는 어느새 옆집 엄마가 알려준 그 학원에 다니고 있다. 우리의 초심은 그런 과정을 거쳐 서서히 무너진다.

아들맘의 소신은 아이의 나이에 따라 변화한다. 다섯 살 아이를 둔 아들맘은 얼마나 소신 있고 단단한지 모른다.

"선생님, 저는 한국식 교육이 우리 아이들의 가능성을 무너뜨리지 않길 바라고 있어요. 저는 학교에서 말하는 기준이 아닌 우리 아들을 기준으로 바라보고 가겠습니다."

하지만 2년 정도가 지나면 그 결심이 무너지는 것을 어렵지 않게 보게 된다.

"선생님. 초등학교 가서 그림 못 그리면 학교생활이 어렵다고 하던데…… 그리기를 따로 좀 지도해주시면 안될까요?"

이해가 간다. 정말 거부하기 힘든 주변의 이야기를 듣고 온 것이다. 그리고 3년만 더 지나면 초등학교에 갓 입학했을 때 사람 그리기와 색칠하기를 잘 못해도 큰일이 나지 않는다는 것을 깨닫는다. 호기롭게 거부했으나 결국 대세를 선택하는 건 누구의 잘못도 아니다. 육아를 하는 엄마는 모두 불안함 유전자를 가졌다.

옆집 아는 동생에게 내가 겪은 좋은 이야기를 해주고 싶은 욕구가 치밀어 오른다면 한 번만 더 참는 지혜가 필요하다. 옆집 동생은 지금 너무나 불안한 상태라 내가 이야기해준 정보가 틀렸어도 분별해내기 힘든 상황이기 때문이다.

지금 엄마들에게 필요한 것은 더 많은 정보가 아니다. 오히려 너무 많은 정보 안에서 헤매고 있다. 옆집 엄마 이야기 걸러 듣고 학교 모임 엄마들 이야기도 흘려들어야 한다. 처음 아이 눈을 봤을 때 생각했던 대로, 소신 있게 자기만의 육아 철학을 확립하려는 의지가 필요하다.

아들상자

육아에 관한 경험과 지식이 세상에 너무 많다. 초보 아들맘이 그 정보에 짓눌리지 말아야 한다. 현명한 육아를 위해서는 귀를 닫는 일도 필요하다.

베테랑 교사를 만나면 자책하게 돼요

베테랑 교사의 경험은 더없이 소중하다. 하지만 섣부른 진단이 아이의 인생에 큰 영향을 줄 수 있다.

"어머님, 아이가 그린 그림을 보면 이 화산의 존재가 분노라고 볼 수 있어요. 아이가 자신의 얼굴을 그리지 않고 뒷모습을 그렸죠? 이건 자신의 존재를 부정하고 있다고 볼 수 있어요."

문화센터, 미술학원 등에서 미술심리치료사 혹은 전문가라는 이름을 달고 아이를 진단하는 일을 종종 목격한다. 하지만 아이라는 존재, 아니 사람을 그렇게 쉽게 판단하는 것이 가능할까? 어떤 아이는 그냥 얼굴 그리기가 버거워 사람의 뒷모습을 그리기도 하고 어떤 아이는 다른 친구가 그리는 것을 보고 따라 특정 색깔을 많이 사용하기도 한다. 그러나 우리는 공식을 통해 답을 찾듯 아이의 특정 행동에 자꾸 답을 내리려는 노력을 한다.

"선생님, 우리 애가 미술심리치료를 받고 있는데, 갈 때마다 거기 선생님께 제가 혼나요. 자꾸 혼만 내니까 저도 너무 힘드네요."

교사들을 배양해내는 일도 하다 보니 베테랑 교사만이 저지르는 치명적인 실수를 하나 알게 됐다. 그것은 아이에 대한 섣부른 판단이다. 신규 교사는 조금 어설퍼도 오랜 시간 아이를 관찰하고 기록하며 판단하는 데 신중을 기하지만, 베테랑 교사는 자신의 경험을 토대로 아이들을 너무 빨리 판단해버리곤 한다. 교사의 한마디가 엄마의 정신건강과 가정에 미치는 영향이 크다는 것을 감안하면 우리는 아이를 몇 가지 정보로 쉽게 평가하는 행태에 문제를 제기해야 한다.

이건 사실 내 경험담이기도 하다. 오랜 기간 쉬지 않고 남자아이들을 만나 성향을 파악하니 아이들을 만나는 횟수가 높아질수록 판단이 빨라졌다. 비슷한 성향의 아이들이 풍기는 느낌이라는 것이 있고, 느낌을 근거로 대화를 풀다보면 열 명 중 아홉은 맞아떨어졌다. 이런 부분이 자랑스럽게 여겨질 때가 있다. 교사도 사람이다 보니, 자부심이라는 것이 생기기 마련이다. 하지만 중요한 건 내가 정확하게 판단한 아홉 명이 아니라, 잘못 판단한 한 명에 대해 생각해보아야 한다는 점이다.

교육전문가라는 이름을 달고 "민준이는 지금 또래에 비해 집중력이 상당히 낮습니다"라는 말을 던지면 아이 집안엔 폭풍이 온다. 아이에게는 시련과 고난이 닥치기 일쑤다.

베테랑 교사라는 이름으로 한 아이의 삶을 망칠수도 있기에 나는 아이를 몇 번 보지도 않고 성급하게 판단하는 교사를 최대한 신랄하게 비판하고 싶다. 특히 미술심리상담을 갔는데 그림 한 장 딱 보고서는 아이가 분노가 많다느니 아이 심리가 엉망이라느니 하는 말을 단호하게 하는 분들에게는 못내 아쉬움이 남는다.

사실 여기에는 엄마들의 조급증도 한몫한다. 예를 들어 내가 강의를 끝나고 질문을 받으면 점집에서 나올듯한 질문들이 들어온다.

"지금 아이가 일곱 살이고 색칠하기를 싫어하는데 왜 그런 걸까요? 지금은 과학책을 주로 읽고 실험하는 걸 좀 좋아하는 편인데 어느 쪽으로 진로를 잡으면 좋을까요?"

당연히 나는 그런 질문엔 대답할 수가 없다. 나도 모르니까. 아이가 보이는 행동은 한 가지이지만 그 행동에 따른 이유는 수십, 수백 가지다. 물론 보통의 아이들에 빗대어 설명을 하는 건 가능하다. 하지만 "보통 정상적인 아이들은……"이라는 개념을 어머니에게 전달하는 순간, 받아들이는 입장에서는 그것을 벗어나는 아이가 비정상이 되고 만다.

시대가 빨라지고 IT가 일반화되면서 우리는 빨리빨리 답을 원하는 문화에 젖어들고 있다. 툭 치면 탁 나오는 빠른 정보 습득 문화에 익숙해져서 육아는 더더욱 답답하기만 하다.

하지만 인생이라는 커다란 개념을 두고 아이를 다시 보면, 어떤 문제는 평생에 걸쳐 답을 찾아야 한다는 것을 잊지 말아야 한다. 아이들을 판단하는 일이 그렇다. 쉽게 답을 찾지 말자. 답을 찾아주려는 욕심도 버리자. 아이의 꿈과 길을 대신 판단해주려는 시도는 교사라는 이름의 심각한 월권이다.

아들상자

아이는 엄마의 숙제 같은 존재가 되어선 안 된다. 해결해야 하는 존재가 아니라 평생에 걸쳐 자신의 길을 찾아야 하는 존재다.

내가 아이를
잘못 키우고 있을까봐
두려워요

육아에서 진짜 문제는 지나친 반성과 과도한 헌신에서 비롯된다.

"선생님. 제가 내향적이라서 아이도 내향적인 것 같아요. 제가 아이를 잘 못 끌어주는 것 같아요. 어떻게 하면 좋을까요?"

상담을 하다보면 많은 아들맘이 아이의 성향에서 단점이라고 생각되는 부분을 자신의 탓으로 돌리는 걸 자주 보게 된다. 예를 들어 아이가 교실에서 낯선 친구들을 보고 친근하게 먼저 다가가지 못하거나 쭈뼛거리고 있으면, 뒤에서 바라보며 연신 "아, 제가 사실 평소에 붙임성이 없어서……"라며 스스로를 탓하는 식이다. 엄청 뛰어다니는 남자아이들은 엄마가 최선을 다해 먹이는 데도 갈비뼈가 드러날 정도로 빼빼 말라보이기도 한다. 종종 시댁에서 이걸로 며느리를 비난하는데 이것 또한 엄마 탓이 아니다.

내향적인 아이의 엄마는 자신 때문에 아이가 내향적으로 변하고 있다고 오해한다. 하지만 자세히 살펴보면 엄마의 영향이기 보다 아이의 성향 자체가 내성적인 경우가 보통이다. 엄마 아빠가 내향적인데 아기 호랑이마냥 에너지 넘치는 아들도 셀 수 없이 많다. 엄마 탓이 아닌데도 엄마는 아이가 내향적인 것마저 미안한 눈으로 아이를 바라본다. 아이에게 안 좋은 영향을 주는 것은 엄마의 내향성이 아니라 미안한 눈빛이다. 미안해하지 말아야 할 것에 대해 미안함을 가지면 아이는 그것을 알아차리고 파고든다. 물론 이것 또한 인간의 간사한 본능 중에 하나다.

우리는 늘 아들에게 미안하다. 남들보다 못해줘서 미안하고 시간을 많이 내어주지 못해 미안하다.

"엄마 우리 가난해서 엄마 일 나가야 돼?"

아이가 별 의미 없이 던진 질문에 가슴이 무너진다. 같이 시간을 보내지 못한 날은 미안해서 무언가라도 잔뜩 사주고 싶고 아이가 갖고 싶은 것을 못 사준 날이면 단호하게 말해놓고 가슴이 먹먹하다. 행여 아이에게 소리라도 지른 날은 가만히 누워 자고 있는 천사 같은 아이 얼굴을 보며 반성한다. 내가 이 아이에게 적합한 부모인지, 내가 못해주고 있는 것은 없는지 돌아보게 된다. 그래서 늘 최선을 다한다.

그러나 문제는 무엇을 못해줘서가 아니라, 과하게 해주면서 생긴다. 아들은 부모가 물질로 채워주는 만큼 내적 자력을 잃는다. 부족한 것이 없기 때문에 오히려 발전하지 못한다.

요즘 아이들에게는 결핍이 결핍되어 있다. 무엇이든 해결해주는 히어로 같은 부모님 슬하에선 나약한 아들이 자란다. 모든 것을 충족시켜주는 엄마가 있어서 아들은 열심히 무언가를 이루고자 하는 간절함을 알지 못하게 된다. 부모님이 온전히 지원해주는 아늑한 비닐하우스에서 공부만 하면 되는 화초 같은 삶은 누군가에겐 부러운 환경처럼 보일 수도 있다. 하지만 아무것도 이룰 필요가 없는 불행한 삶일 수도 있다. 항상 모든 해결이 가능한 히어로로 남지 말자.

아들상자

결핍은 엄마의 허물이 아니라, 아들의 성장 동력이된다. 자책하지 않고 엄마 스스로 씩씩한 마음을 가질 때 아들은 세상에서 가장 좋은 에너지를 갖게 된다.

아무리 노력해도
아이가 변하지 않아요

아이를 이끌어주고 조력자로 살아야 하는 모든 어른에게는 한 가지 의무가 있다. 아이의 가능성을 따지기 전에 무조건 믿어주는 것.

나는 한 명도 빼놓지 않고 모든 아이에게 가능성이 있다고 믿고 있다. 특히 말 안 듣고 다루기 힘든 남자아이들일수록 세상을 바꿀 에너지가 있다고 굳게 믿는다. 에너지가 넘치는 아이를 만날 때면 "허허, 어머님 이 녀석 뭘 해도 크게 할 아이인 것 같습니다!"라고 너스레를 떨며 한 번 더 차분하게 아이를 바라본다.

어디에 가능성이 있을까? 어디를 건드리면 가능성의 샘이 콸콸 나올까? 늘 어른들이 아이의 가능성이라는 수도꼭지를 찾지 못해서 빛을 보지 못했을 뿐 가능성이 없는 아이는 없다고 굳게 믿는다. 아이를 바라보는 눈에서 희망을 놓지 않는다. 그러나 부모들조차 아이를 의심할 때는 힘이 빠진다. 어느 날 한 선생님이 나에게 예민한 질문을 했다.

"소장님, 얼마 전에는 자폐아가 수업을 왔어요. 수업하다가 보면 이런 생각이 들기도 해요. 진짜 모든 아이에게 가능성이 있을까? 어떤 아이들은 없을 수도 있지 않을까? 이렇게 확신이 안 드는 아이가 종종 있어요. 어떤 때는 2개월이면 변할 거라 확신하고 덤볐는데 안 변하기도 하잖아요. 그럴 때 민망하고 답답해요. 아이들은 모두 가능성이 있을까요?"

문득 그 질문에 흔쾌히 '그렇다'고 대답할 수 없다는 생각이 들었다. 모든 아이의 생각을 들여다보지 않았기에 실제로 가능성이 없는 아이가 존재할 수도 있다. 하지만 그게 무슨 상관인가. 교육자의 본분은 아이에게 가능성이 있든 없든, 가능성이 있다고 믿는 거다. 믿어주는 것은 교육자의 도리다.

아이에게 전해줘야 하는 건 우리가 너를 이렇게 믿고 있다는 그 따스함이지, 네가 빨리 변해야 한다는 조급함과 부담스런 시선이 아니다. 설레는 마음으로 아이의 변화를 기대했다가 좌절할 필요가 없다. 그저 내가 너를 믿고 있노라 아이에게 은은하게 전하자. 믿어주는 것은 우리의 몫이요, 가능성을 보여주는 것은 온전히 아이의 몫이자 선택이지 강요 사항이 될 수 없다.

의사는 병을 치료하는 사람이다. 국경과 상관없이, 인종과 상관없이, 정치색과 상관없이 그들은 사람을 치료한다. 우리는 아이를 가르치는 사람이다. 행여 내가 가르치는 아이가 정말 가능성이 없는 아이라 헛수고가 될까봐 걱정할 필요는 없다. 정말 가능성이 없는 아이라도 따뜻한 교육과 가르침과 기대를 받을 권리가 있기 때문이다.

아들상자

만일 가능성이 없는 아이를 한평생 믿는들 어떠한가. 아이가 행복했다면 그것으로 우리의 역할은 다 한 것이다.

육아 정보가
너무 많아요

연애 상담과 육아 상담의 공통점은 이론과 실제가 다르다는 거다.

"선생님, 선생님이 시키는 대로 해도 전 잘 안 되더라고요. 강의를 들으면 너무 좋지만 딱 삼 일만 효과가 있어요. 그 후론 다시 변하는 제 모습. 어쩌면 좋을까요?"

연애 상담과 육아 상담의 공통점은 이론과 실제가 다르다는 거다. 왜 유독 연애 상담과 육아 상담이 이론대로 되지 않는 걸까? 그것은 우리가 적용하고자 하는 대상이 사람이고, 그와 오랜 시간 쌓아온 암묵적인 규칙이 먼저 존재하기 때문일 것이다.

규칙 훈육법을 배워서 아이에게 적용해보려던 아들맘이 있었다. 무게를 잡고 "자, 이제 규칙 만들어서 같이 지키는 거야"라고 말했는데, 아이는 멀뚱멀뚱 엄마를 보며 '갑자기 왜 저러지?'라는 생각을 했다. 이런 생각은 아이가 그 규칙을 거부하기 때문에 생겨난다. 그동안의 생활 방식으로 인해 자리 잡은 여러 습관이 새로운 것들을 관성으로 막아버리는 것이다.

그 전까지 쌓아놓은 세월과 암묵적인 규칙들을 먼저 걷어내야 새로운 규칙을 일상생활에 적용할 수 있다. 그런데 지금까지의 세월을 없었던 걸로 할 수도 없으니 새로운 노하우를 적용하는 일은 두세 배로 힘이 든다. 그래서 남의 자식 훈수는 쉽지만 내 아이 키우기는 어렵다는 말이 나오는가보다. 우리는 주로 이런 이해 없이, 앞뒤 맥락 없이 새로운 솔루션을 맹신하고 실망한다.

"육아 교육서 읽어봐야 그뿐이야. 다 말이 달라! 실전에선 하나도 통용이 안 되잖아."

육아. 참으로 어렵다. 아이는 강의를 듣지 않았고 동기부여는 더더욱 되지 않았는데, 엄마 혼자 강의 듣고 감동받고 동기부여가 됐다. 그 상태로 아이에게 시도해봐야 아이는 그저 엄마가 어디서 뭐 좀 보고 왔나보다 생각할 뿐이다.

교사도 마찬가지다. 숙련되지 못한 교사는 아이들을 대할 때 잔뜩 힘이 들어간다.

연애를 글로 배운 사람마냥, 육아를 매뉴얼대로만 하려고 들면 한계가 찾아온다. 그때마다 징징거리는 아이를 뒤로 한 채, 인터넷에서 새로운 매뉴얼을 뒤적거리고 있을 것인가? 책에서 본 대로 안 되고 머리는 아프고 아이는 징징거릴 땐 잠시 모든 걸 내려놓고 그냥 아이 눈을 바라보자. 지금껏 배운 모든 지식을 뒤로 한 채, 징징거리는 아이 눈을 바라보며 눈동자 너머 숨어 있는 감정을 발견하려 조용히 노력해보자.

어떤 교육도 아이를 공감하는 노력, 사랑이라는 감정을 동반하지 않고는 올바르게 설 수 없다. 다른 말로 하면 이제야 몸에 힘을 좀 빼고 아이를 바로 바라보는 진짜 조력자로서의 첫걸음을 떼었다고도 표현할 수 있겠다.

모두에게 전하는 보편적인 육아법에 현혹되지 말자. 우리가 만날, 그리고 지금 여러분과 같이 살고 있는 아이는 육아책에 등장한 적이 없다고 생각하자. 지구상 60억 인구가 전부 다른 개성을 갖고 있는 존재인데 모두를 아우르는 육아 매뉴얼이 존재할 수 있을까?

훈육의 비법을 단순히 외워서 저장했다가 사용하기 보다는 아이를 알아가는 보조 도구 정도로 생각하고 엄마의 역량을 강화하는 데 집중해야 한다. 스스로 세운 규칙을 지켜나가는 모습을 보여주어야 하고, 아이를 바라보는 눈빛이 달라져야 하고, 관점이 달라져야 하고, 말투가 바뀌어야 한다. 육아 전문가의 제안은 그 모든 것이 전제되었을때 자연스레 튀어나오는 행동을 보기 좋게 정리한 글일 뿐이다. 언젠가 한 선생님이 해준 조언이 생각난다.

"답을 찾지 마세요. 원래 교육이란 게 이렇게 흔들리면서 가는 겁니다."

정말 중요한 것은 지식이 아니다. 아이를 위해 노력하고 정보를 찾고 아이를 끊임없이 관찰하는 엄마의 모습 그 자체다.

아들상자

 어떤 교육도 아이를 공감하는 노력, 사랑이라는 감정을 동반하지 않고는 올바르게 설 수 없음을 잊지 말자. 엄마가 가장 잘할 수 있다.

책을 마치며
이 책을 읽는 모든 아들맘들께

"내가 너 한창 때 잘 못해줘서.
그게 그렇게 한이 되고 미안해……."
어제도 저의 어머니는 저랑 통화를 하다 울먹였어요.
나이가 들고보니 어머니가 저를 사랑해준 것만으로도
충분히 감사할 수 있게 됐어요.
그런데 어머니들 마음은 그렇지 않지요?

저의 가족은 평범한 가정이 살아온 삶보다
훨씬 어려운 삶을 살아왔습니다.
저는 태어나면서 아버지라는 존재를 모르고 자랐어요.
어머니는 집안의 가장이었고요.

아빠 역할 엄마 역할, 1인 2역을 했습니다.
아마 여자로서는 제정신으로 살 틈이 없었을 거예요.
우리 가족은 집이 없었던 적도 있어서
싸구려 여관에서 등교하던 기억이 나요.
그러다 어머니 품을 떠나
피 한 방울 섞이지 않은 이모 집에서 6년을 살았어요.
화장실이 무너지고 쥐가 나오는 집에서도 살아봤고,
가스가 끊겨 생쌀을 먹는 것으로 한 끼를 때운 경험도 있죠.
그런데 의외로 저는 그 삶이 힘들지 않았습니다.
하지만 저를 지켜보는 어머니는
가슴이 몇 번은 썩어 문드러졌을 거예요.

자라다남아미술학원에서 아들맘들을 대면하기 전까지는
'아 우리 엄마는 나를 키우면서
힘들기도 했겠지만 마음이 많이 아팠겠다' 하고
짐작만 할 뿐이었어요.
그런데 전국 강연을 하고,
아들맘들과 상담을 하면서 제가 본 게 있어요.
바로 어머니들의 눈물입니다.
훌륭하게 잘하고 있다고 말해드릴 수 있는
어머니들이 많이 계셨어요.

"아이에게 좀 더 관심을 가져주세요.
편견 없이 보아주세요. 걱정을 조금만 줄이세요" 정도의 말만 해드리면 되었고요.
그런데 어머니라는 존재는 아이에게 늘 미안해해요.
자책하고요.
그래서 생각해봤죠.
'아 우리 어머니도 저런 모습이었겠구나.
저런 마음으로 우는구나.'
최선을 다해 최악의 상황에서도 뼈가 부서져라 살아온
제 어머니 마음에는 아직도 저에 대한 죄책감이 있습니다.
저는 그게 정말 신기해요.
이 일을 하고 나니까 어머니의 마음을 더 잘 알겠어요.

하지만 그런 고생을 하고 자란 저인데도 어머니가 좋아요.
경제적인 배경만 보면 사실 답답해요.
그런데 원망이 들지 않고, 어머니가 좋고,
그 시절을 너무 힘들게 느끼지 않는 이유는요,
힘든 와중에 나를 포기하지 않고 길러준
어머니의 사랑을 기억하고 있기 때문입니다.
어떤 고생을 했는지 정확히 알지는 못하지만
어머니의 사랑을 듬뿍 받을 때의

느낌이 계속 남아 있어요.
푸근한 느낌, '아, 우리 엄마다' 하는 느낌.

어머니도 사람이니까
이 고생길에 끝이 있기는 할까, 걱정할 때가 있었을 거예요.
그런 생각을 하면 늘 감사할 수 있어요.
시종일관 어머니로서 최선의 사랑을 주었으니까요.
제가 아플 때 어머니의 밤샘 간호가 없었더라면
제 안에 사랑이 이렇게 많지도 않았을 테고,
제가 어려운 일에 직면했을 때
모든 일을 제쳐두고 이야기를 들어준 어머니가 있어서
저는 사람들에게 이야기를 잘 들려주는 사람이 됐어요.
유치한 제 개그에 어머니가 항상 박장대소해준 덕분에
저는 유머감각이 좋은 줄 평생 착각하고 살았고,
지금은 고쳐지지도 않아요.
가난하게 살아봤기 때문에 남들보다 노력할 수 있었어요.
영웅은 난세에 난다는 말처럼
어머니는 저를 난세의 영웅 보듯 귀하게 바라봐줬어요.
어머니의 그 시선은 그 어떤 물질적인 지원보다
저를 귀한 사람으로 만들었습니다.

그리고 지금 저는 기회를 좇거나 잡는 사람이 아니라
여러 가지 기회를 눈 앞에 두고
선택할 수 있는 사람이 됐어요.

더 좋은 옷, 더 좋은 음식을 못해줘서 느끼는 안타까움은
오로지 엄마 스스로 만든 허상일 뿐이에요.
화내지 말아야 할 때 화내지 말고,
과도한 기대를 하지 말며,
맛있는 밥과 긍정의 언어와 따뜻한 미소면
아들은 충분합니다.

"혹시 아이가 저를 만나서 이렇게 된 걸까요?"
"원장님. 제가 아이를 망치고 있는 것 같아요.
제가 너무 몰라서."
상담을 하다보면 엄마가 되는 순간 저런 문장이 머릿속에
갑자기 입력이 되기라도 하는 게 아닌가, 하는 궁금증이 들어요.
그 정도로 엄마의 자책은 공통적인 성향이 되어버립니다.
하지만 이런 고민을 하는 엄마 대부분은
본인의 걱정보다 훨씬 육아를 잘해내고 있어요. 대단하죠?

우리 모두는 어려운 환경 속에서도 잘 자라왔어요.

좋은 환경에서 자랐는데도 정서가 무너진
안타까운 친구들도 충분히 목격해왔고요.
우리가 인정해야 할 것은,
사람이 자라는 과정에서 부모님이 해줄 수 있는 범위가
넓지 않다는 거예요.
아무리 뛰어난 교육자 아래서 자란 아이도
폭풍과 벼락을 맞아야 어른이 된다는
간단한 진리를 간과해서는 안 됩니다.

여유가 있을수록 내 아이가 감내해야 할 폭풍과 벼락을
대신 맞아주고 싶은 유혹에 시달릴 거예요.
단언컨대, 맞아야 할 폭풍을 못 맞게 막는 일 또한
아들에게 불행이 될 거예요.
결국 시일이 늦어질 뿐 나중에는 아들에게도 고스란히
시련과 고난이 들이닥쳐요.
맞아야 할 폭풍을 제 시기에 겪게 해주는 것 또한
엄마가 할 일이에요.
아들에게 무엇이든 다 해주려다가
답답해서 미칠 것 같은 순간이 올 때
잠깐 여유를 가지세요.

책을 마치며 감히 대한민국 아들을 대표해서
전국에 있는 아들맘들께 한마디 올립니다.
감사합니다.
다 해주지 못하는 스스로를 용서하세요.
스스로를 옭아매고 상처받지 마세요.
당신은 존재만으로도 충분합니다.

자라다남아미술연구소 대표
최민준 소장 드림

**아들 때문에
미쳐버릴 것 같은 엄마들에게**

펴낸날	초판 1쇄 2016년 8월 22일
	초판 32쇄 2024년 8월 16일
지은이	최민준
펴낸이	심만수
펴낸곳	(주)살림출판사
출판등록	1989년 11월 1일 제9-210호
주소	경기도 파주시 광인사길 30
전화	031-955-1350 팩스 031-624-1356
홈페이지	http://www.sallimbooks.com
이메일	book@sallimbooks.com
ISBN	978-89-522-3465-0 13590

※ 값은 뒤표지에 있습니다.
※ 잘못 만들어진 책은 구입하신 서점에서 바꾸어 드립니다.